O QUE PODEMOS APRENDER COM
Os Essênios

Título – O Que Podemos Aprender com Os Essênios
Copyright © Editora Lafonte Ltda. 2019

ISBN 978-85-8186-420-4

Todos os direitos reservados.
Nenhuma parte deste livro pode ser reproduzida por quaisquer meios existentes sem autorização por escrito dos editores e detentores dos direitos.

Direção Editorial Sandro Aloisio
Diafgramação Demetrios Cardozo

Realização

Estúdio BETRAGEN

Direção Daniel de Rosa
Editor Franco de Rosa
Redação e criação Fernando Moretti

```
Dados Internacionais de Catalogação na Publicação (CIP)
         (Câmara Brasileira do Livro, SP, Brasil)

Moretti, Fernando
   O que podemos aprender com os essênios /
Fernando Moretti. -- São Paulo : Lafonte, 2019.

   ISBN 978-85-8186-420-4

   1. Essênios 2. Judaísmo - História 3. Manuscritos
do Mar Morto I. Título.

19-31301                                   CDD-296.814
```

Índices para catálogo sistemático:

1. Essênios : Judaísmo   296.814

Cibele Maria Dias - Bibliotecária - CRB-8/9427

Editora Lafonte

Av. Profª Ida Kolb, 551, Casa Verde, CEP 02518-000
São Paulo - SP, Brasil – Tel.: (+55) 11 3855-2100
Atendimento ao leitor (+55) 11 3855 - 2216 / 11 - 3855 - 2213 – atendimento@editoralafonte.com.br
Venda de livros avulsos (+55) 11 3855 - 2216 – vendas@editoralafonte.com.br
Venda de livros no atacado (+55) 11 3855 - 2275 – atacado@escala.com.br

Impressão e Acabamento
Gráfica Oceano

Fernando Moretti

O Que Podemos Aprender Com Os Essênios

Lafonte

Brasil · 2019

SÚMARIO

CAPÍTULO I 06

Surge Israel, o berço dos essênios – Zadoque e Salomão – Os Filhos de Zadoque – O Primeiro Templo – Divisão do Reino – Templo de Salomão é destruído – O Segundo Templo – Pureza – A helenização dos judeus – O Império se Selêucida (312-63 a.C.) – Espalhando o helenismo – A helenização se instala – Assaltando o templo – O regresso de Antíoco IV Epifânio – A revolta dos macabeus – Judas macabeu (Yehudah Makkabi) – A dinastia hasmoneia (ou asmoneia) – Surgem os essênios – Declínio hasmoneu e os romanos – Herodes remodela o Segundo Templo – Fim do Segundo Templo

CAPÍTULO II 24

Domínio estrangeiro, religiões e seitas da Judeia – O judaísmo – A helenização na Palestina – Seitas judaicas – Os caraítas – Saduceus e botusianos – Os saduceus avançam – O papel do templo nesse tempo – O papel religioso dos saduceus – O papel político dos saduceus – Crenças saduceias – Debates com os fariseus – Contrários aos essênios? – Contrários ao cristianismo? – Contrários aos fariseus? – Os fariseus – Ganhando força! – Hasmoneus no poder – O período romano – Judaísmo farisaico – A Torá oral – O debate e o estudo da lei – Fariseus no Novo Testamento – Jesus era fariseu? – Na linha farisaica – O cristianismo segue seu caminho – Os fariseus e os zelotes – Os fariseus sobrevivem – Mais pressão romana – O judaísmo rabínico – O que sobrou das três seitas?

CAPÍTULO III 46

Os manuscritos do Mar Morto – Como foram achados? – Quem os escreveu? – A importância do conteúdo – O que dizem os textos? – E o messias veio? – João Batista era o messias essênio? – Momento cósmico – Menahen, o essênio, era o messias? – Começam as polêmicas – Banus, o essênio, era Jesus? – Jesus, o Cristo – Jesus, o messias, era essênio? – Eu sou o caminho e a vida! – Os excêntricos essênios – Compreendendo o significado do nome – Onde e quando se fixaram os essênios? – A fase final – As rígidas regras essênias – A questão do casamento – Costumes exóticos – Refeições silenciosas – Higiene exótica – Rituais e compromissos – Teologia particular – Entendendo a filosofia essênia – Evolução dentro da comunidade – Como ressurgiram os essênios? – Uma discussão acadêmica que perdura – O fim de Qumran e dos essênios

CAPÍTULO IV – Cronologia 74

APRESENTAÇÃO

Segundo os pergaminhos do Mar Morto, os instrutores da comunidade de Qumran, onde viviam os essênios, eram filhos de Zadoque.

Os essênios eram uma seita judaica da época do Segundo Templo que existiu entre o ano 150 a.C. até 70 d.C., e que alguns estudiosos reivindicam terem se desligado dos sacerdotes caduceus, enquanto outros acham que foi dos fariseus (que dão origem aos assideus).

Segundo Abraham Geiger, fundador da Reforma do Judaísmo, os zadoquitas dão origem aos saduceus que pegaram o nome do sumo sacerdote do Primeiro Templo Zadoque (*tzadoki* na pronúncia *mishná*). Outra fonte, o *Avot* do rabino Natan, cita que os saduceus — os Filhos de Zadok — surgem na mesma época que os botusianos, cujo fundador seria Zadok (*tzadok*) que como Boethus era aluno de Antígono de Sokho no século 2º a.C. Por sua vez, os pergaminhos do Mar Morto citam que os instrutores da comunidade de Qumran eram Filhos *kohanim* de Zadoque, levando-nos a aceitar que ali viviam sacerdotes judeus (*kohanim*) os quais rejeitaram a helenização do sacerdócio judaico que se espalhava em Jerusalém.

Os essênios existiram aos milhares ao longo da Judeia romana, e tinham uma comunidade em Qumran, porém não são muito mencionados na Bíblia, e o que sabemos a respeito deles nos chegou por meio de Flávio Josefo e Fílon de Alexandria.

O leitor já percebe o garimpo arqueológico com o qual irá se deparar e se pergunta: o que são Segundo Templo, zadoqueus, saduceus, fariseus, assideus, helenização, judeia romana, dinastia hasmoneia? Quem são Josefo e Fílon?

Bom, os essênios eram judeus, portanto precisamos conhecer um pouco da história desse peculiar e milenar povo para nos situar no período em que tudo aconteceu e compreender por que surgiram e como o último reduto sucumbiu em Qumran. Mas não se preocupe, temos bastante papel e não pergaminhos para explicar tudo.

CAPÍTULO I

SURGE ISRAEL
O berço dos Essênios

Conforme a Torá, a Terra de Israel (em hebraico: Eretz Israel) foi prometida por Deus aos patriarcas como sua pátria e até hoje ocupa um lugar especial nas obrigações religiosas.

Os hebreus são de origem semita (filhos de Sem); a palavra significa "gente do outro lado do rio" (Rio Eufrates). Eram grupos de pastores nômades que viviam em clãs ou tribos ao longo do Rio Jordão, liderados por um patriarca — por meio desses chefes Deus falava ao povo (fazia promessas). Então Yahvéh disse a Abraão: "Sai da tua terra e da tua parentela e da casa de teu pai para a terra que te mostrarei."

Eu farei de ti um grande povo, eu te abençoarei, engrandecerei teu nome; sede uma benção!" (Deuteronômio 12:1). Para conquistar a terra, os hebreus teriam de lutar e vencer batalhas; e deveriam obedecer fielmente às Leis do Senhor. Por volta do 2º milênio a.C. o povo hebreu se engajou num movimento populacional de motivação religiosa: a busca da "Terra Prometida". O patriarca Abraão levou seu povo da cidade de Ur (Mesopotâmia) para a Palestina, onde se estabeleceram por volta de 2.000 a.C. Ali era a Canaã = a Terra Prometida, uma faixa de terra que se estendia pelo vale do Rio Jordão. Ao norte ficava a Fenícia, a leste o deserto da Arábia e a oeste o Mar Mediterrâneo. Os hebreus viveram na Palestina por três séculos governados por patriarcas. Os principais foram Abraão, Isaac e Jacó, esse último também chamado de Israel, daí o nome israelita. Parece que originalmente os hebreus se chamavam de israelitas, mas o termo foi abandonado após a divisão do reino na segunda metade do século 10º a.C. — que veremos mais adiante.

Por volta de 1750 a.C., uma enorme seca assolou a Palestina e os hebreus tiveram que deixar a região em busca de melhores condições de vida. Foram para o Egito (Jacó e sua família) onde ficaram cerca de 400 anos até serem perseguidos e escravizados pelos faraós. Então, liderados pelo patriarca Moisés, os hebreus deixaram o Egito em 1250 a.C. e voltaram à Palestina. Essa fuga ou saída em massa do Egito é conhecida como Êxodo (as Pragas, a perseguição de Ramsés, a travessia do Mar Vermelho, as tábuas dos 10 Mandamentos).

No início, fixaram-se a oeste do Mar Morto, mas foram avançando para o Mediterrâneo e norte da Palestina. No século 12 a.C., os filisteus ocuparam os litorais e houve lutas que terminaram com a vitória dos hebreus. No século 10º a.C. a Palestina expandiu seu território e alcançou o apogeu nos reinados de David e Salomão.

ZADOQUE E SALOMÃO

No tempo do rei David, Zadoque se juntou ao rei em Hebrom, após a morte de Saul. Zadoque era filho de Aitube (filho de Amarias) e descendente de Eleazar (filho de Aarão) e permaneceu fiel a David por todo o seu reinado agitado. David o achava vidente e tinha grande apreço por ele. Durante a rebelião de Absalão, Zadoque e os Levitas iam acompanhar David na sua fuga, às pressas, e levar a Arca da Aliança, mas o rei insistiu que ficassem em Jerusalém onde poderiam lhe servir melhor. Zadoque e Abiatar (filho de Aimeleque) ficaram atuando como sumos sacerdotes em Jerusalém. Quando Absalão morreu, Zadoque ajudou a convencer os anciãos de Judá a chamar David de volta.

Com David já em fim de vida, Adonias foi aclamado rei, Zadoque ficou ao lado de David e Abiatar ao lado de Adonias. Após sua subida ao trono, Salomão expulsa Abiatar de Jerusalém e o substitui por Zadoque como sumo sacerdote. Zadoque e o profeta Nathan, apoiam a subida de Salomão ao trono. Após Salomão construir o Primeiro Templo em Jerusalém, Zadoque foi o primeiro sumo sacerdote a servir ali.

OS FILHOS DE ZADOQUE

São uma família de sacerdotes judeus descendentes de Zadoque, citados três vezes na Bíblia hebraica como parte das profecias do Terceiro Templo, nos capítulos finais do Livro de Ezequiel. O profeta Ezequiel exalta os Filhos de Zadoque como fortes oponentes ao paganismo e alega sua primogenitura

Cápitulo I – Surge Israel

aos deveres únicos e privilégios no futuro Terceiro Templo (Ezequiel 42,13; 43,19). Um dos filhos de Zadoque, Azarias era oficial no reino de Salomão; o outro, Aimaás foi um dos primeiros mensageiros do rei David a declarar a vitória sobre Absalão, mas foi sábio o bastante para não contar a David sobre a morte de seu filho na batalha; o outro era um levita chamado Mesulão. O nome Zadoque (hebraico: zadok = justo, reto) representa uma geração que ama a retidão, a justiça e a fidelidade. Enfim, é o sacerdócio comprometido com seu senhor, e que diz não aos prazeres da carne, ao ego e ao mundanismo, e se propõe a servir uma causa maior do que a sua própria e a um ministério maior do que o seu próprio.

O PRIMEIRO TEMPLO

O Templo de Jerusalém ficava no Monte Moriá, ao norte do Monte Sião. Foi sucessor do Tabernáculo construído pelo profeta Moisés segundo a revelação divina recebida no Monte Sinai. Conforme a tradição judaico-cristã, o Primeiro Templo teve sua construção iniciada no governo de Salomão (971-931 a.C.). Ele começou a construir o templo no quarto ano de reinado seguindo o plano arquitetônico transmitido por David, seu pai (1 Reis 6,1; 1 Crônicas 28,11-19). O trabalho durou sete anos. (1 Reis 6,37- 38). Em troca de trigo, cevada, azeite e vinho, Hirão, rei de Tiro, forneceu madeira do Líbano e operários especializados em madeira e pedra, inclusive o conceituado arquiteto: Hiran Abiff. Foram convocados 30 mil homens de Israel e 70 mil dentre os habitantes do país que não eram judeus para serem carregadores, e mais 80 mil cortadores (1 Reis 5,15; 9,20-21; 2 Crônicas 2,2). Como responsáveis pelo serviço, Salomão nomeou 550 homens e mais 3 mil ajudantes. (1 Reis 5,16; 9,22-23). Quando o templo ficou pronto (960 a.C.), a Arca da Aliança foi colocada na sala mais reservada do edifício: o Santo dos Santos.

DIVISÃO DO REINO

Com a morte de Salomão, em 931 a.C., seu filho Roboão (932-914 a.C.) toma o trono. Em vez de ouvir o conselho dos anciãos das tribos de Israel para aliviar os tributos e trabalhos forçados fixados por seu pai, ele manda aumentá-los. Isso provoca uma rebelião e divisão do reino. As 10 Tribos de

O Que Podemos Aprender Com Os Essênios

Israel aclamam Jeroboão rei do Reino de Israel ou Reino das 10 Tribos (depois Reino da Samaria); e Roboão reinaria sobre as tribos de Judá e Benjamim, que se chamaria Reino de Judá.

Jeroboão escolheu Siquém como capital, mas depois mudou para Penuel. Tentou impedir seus súditos de se deslocassem ao Templo de Jerusalém, capital do Reino de Judá, para o culto, temendo que isso pudesse reunificar os reinos. Então mandou erguer dois santuários com bezerros de ouro: um em Dã (norte) e outro em Betel (sul). Os lugares diferentes de culto não gerou problemas nem cismas, embora soassem acusações de que os israelitas praticavam ritos pagãos. Em 721 a.C., o assírio Sargão II subiu ao trono, arrasou o Reino de Israel e deportou a maior parte do povo. No sul, o reino de Judá manteve sua independência e prosperidade até Nabucodonosor II, rei dos babilônios, capturar Jerusalém em 586 a.C.

O TEMPLO DE SALOMÃO É DESTRUÍDO

Nabucodonosor destrói o Templo de Salomão e acaba de vez com a dinastia davídica (David). Leva os tesouros do templo (menos a Arca da Aliança) e todos os judeus aptos como escravos para a Babilônia. Apenas os pobres são deixados em Judá (Yehud), cuja capital era Mispá, ao norte de Jerusalém. Começa então o período chamado de Cativeiro em Babilônia.

Nesse período as casas de reunião (hebraico = *knesset beit*; grego = sinagoga), e casas de oração (hebraico: *beit tefilah*; grego: *proseuchai*) eram os pontos de encontro. Em 538 a.C., a Babilônia é conquistada pelos persas sob o comando de Ciro, o Grande, que emite um decreto concedendo liberdade religiosa a todas as nações. Os judeus exilados são autorizados a regressar à terra de Judá. Conforme a Bíblia hebraica, 50 mil judeus conduzidos por Zerubabel (neto de Jeoiaquim - penúltimo rei de Judá) voltaram a Jerusalém para reconstruir o templo, o que acontece entre 535-516 a.C. Não obstante, a capital administrativa continuou sendo Mispá e não Jerusalém. Para governar a região, Ciro indicou Zerubabel e não admitiu que os judeus restaurassem o Estado. Na volta à terra natal, os judeus encontram uma mescla de povos que praticavam uma religião que tinha alguns pontos comuns com a sua: os samaritanos!

Era gente do Reino de Israel ou Reino da Samaria. Acontece que durante o Cativeiro da Babilônia, estrangeiros foram levados para habitar a região dos

Capítulo I – Surge Israel

judeus deportados. Esses colonos se misturam e criam uma nova religião que mesclava elementos hebraicos e pagãos. Quando os judeus voltaram para reconstruir o Templo de Jerusalém, os samaritanos ofereceram ajuda, embora a divisão religiosa entre eles permanecesse. Entre as diferenças, ainda mantêm as funções dos *cohanim*, creem na santidade do monte Gerizim e aceitam unicamente a Torá (Pentateuco samaritano) como escritura inspirada.

O SEGUNDO TEMPLO – PUREZA

O templo ficou pronto em 516 a.C. O comando dos sacerdotes é ampliado e tornaram-se a autoridade dominante. Mas algo incomoda: o templo fora erguido com ajuda de "estrangeiros" e os judeus não endossavam sua legitimidade. Na verdade, após 50 anos convivendo com a cultura babilônica, surge uma campanha de purificação da raça elaborada pelos judeus na volta à pátria. Um grupo de 5 mil judeus conduzidos por Ezra e Nehemiah chega a Judá em 456 a.C. A campanha cresce. Evita-se a mistura. Surgem os saduceus como o partido dos sacerdotes e das elites aliadas. Os sacerdotes, inclusive os "Filhos de Zadok" defendiam essa hegemonia que conduziu a reorganização e a reescrita dos livros sagrados numa visão focada na hierarquia de pureza espacial, social, de gênero e temporal. Isso acabou permitindo o desenvolvimento de várias seitas ou "escolas de pensamento", cada uma alegando autoridade para representar o judaísmo. Além disso, as relações sociais, especialmente o casamento com membros de outras seitas, eram evitadas.

O retorno a Jerusalém rendeu uma nova redação da Torá. Embora os sacerdotes controlassem a monarquia e o templo, os escribas (copistas da lei) e os sábios (mais tarde "rabis") monopolizaram o estudo da Torá nas sinagogas (que desde a volta da Babilônia era lida publicamente no mercado). Os sábios conservaram a tradição oral ao lado das Escrituras e se identificavam com os profetas. Os escribas tornaram-se autoridades quanto às Escrituras, e por isso tinham a função de ensino e recebiam o tratamento de "senhor".

A HELENIZAÇÃO DOS JUDEUS

Em 333 a.C., o macedônio Alexandre, o Grande, derrota a Pérsia e conquista a região. Logo após, começa a ser elaborada a primeira versão da Bíblia hebraica para o grego *koiné* em Alexandria. Essa antiga tradução ficou conhecida como a Versão dos Setenta (*Septuaginta*, do latim = setenta), pois 72 rabinos, seis de cada uma das doze tribos, trabalharam nela por 72 dias. Mas há controvérsias, pois nunca foi encontrada uma versão do Velho Testamento, em grego, com data anterior à de Orígenes (185–253 d.C.). Segundo H. D. Williams, vice-presidente da Dean Burgon Society, isso não passa de um mito, mas os defensores da *Septuaginta* alegam que Jesus e os apóstolos usaram citações do Antigo Testamento no Novo Testamento que são da versão grega. No Evangelho segundo Mateus pode-se ler: "Não só de pão vive o homem, mas de toda palavra que procede da boca de Deus", (MT 4, 4). Jesus referiu-se a Deuteronômio 8, 3, que traz: "da boca do Senhor" enquanto a *Septuaginta* traz "da boca de Deus".

Para completar, o historiador Flávio Josefo cita que sábios judeus traduziram a Torá para o grego *koiné* no século 3º a.C., e uma narrativa de Fílon de Alexandria afirma que "apesar de os tradutores terem sido mantidos em salas separadas, todos produziram versões idênticas do texto em 72 dias". Para alguns estudiosos modernos, além de ser historicamente implausível, isso mostra apenas o desejo dos sábios judeus da época de endossar a tradução como divinamente inspirada. Temos aqui muito pano para manga, mas não vamos nos estender, pois nosso foco são os essênios! Voltemos a Alexandre, que morreu em 323 a.C. com apenas 33 anos e deixou sem herdeiro um imenso império. Seus generais lutaram para obter supremacia sobre esse território conquistado. Judá ficou na fronteira entre o Império Selêucida e o Egito ptolemaico, tornando-se depois parte do Império selêucida.

O IMPÉRIO SELÊUCIDA (312–63 A.C.)

Surge após a morte do macedônio Alexandre III, quando seus generais dividem o imenso território de cultura parcialmente helênica. Um deles, Seleuco fixou-se na Babilônia em 312 a.C. e governou toda parte oriental do Império. Após vencer Antígono Monoftalmo na Batalha de Issus em 301 a.C., ao lado de Lisímaco, Seleuco obteve domínio sobre a Anatólia oriental e o norte da Síria, onde fundou uma nova capital: Antioquia — em homenagem a seu pai. Depois, ao norte da

Cápitulo I – Surge Israel

Babilônia, fixou outra capital em Selêucia do Tigre, que era tão helenística quanto Alexandria e maior que Antioquia, pois tinha 600 mil habitantes. O império de Seleuco ampliou-se após a morte de seu aliado Lisímaco na Batalha de Corupédio, em 281. Então Seleuco anexou a Anatólia ocidental e dirigiu-se às terras de Lisímaco na Europa (Trácia e Macedônia). Ao chegar lá, foi assassinado por Ptolomeu Cerauno. Seu filho e sucessor, Antíoco I Sóter foi incapaz de continuar-lhe a obra e as partes europeias do império de Alexandre nunca foram conquistadas. Mesmo assim, o império era vasto, e os problemas eram muitos, principalmente com seus inimigos Antígono II Gonatas, na Macedônia e Ptolomeu II Filadelfo, no Egito.

O Império Selêucida ia do Mar Egeu ao Afeganistão. Era habitado por várias raças: gregos, persas, medos, judeus, indianos e outros, somando 35 milhões de pessoas governadas por homens cuja posição política era garantir a ideia de unidade racial inserida por Alexandre. Esses ideais helênicos eram propagados por filósofos, historiadores e por oficiais do vencedor exército macedônio que casaram com mulheres locais, causando uma fusão da cultura grega com a estrangeira.

ESPALHANDO O HELENISMO

Em 313 a.C., esses ideais estavam em expansão pelas culturas do Oriente Próximo, do Oriente Médio e da Ásia central, fixando-se em centenas de cidades. Muitas começaram a adotar os pensamentos filosóficos, sentimentos religiosos e as políticas helênicas. Essa tentativa de sintetizar o helenismo com culturas nativas e diferentes correntes intelectuais teve resultados diversos como paz e revoltas simultâneas em várias partes do império. Quando o filho de Antíoco II, Seleuco II Calínico subiu ao trono (246 a.C.) os selêucidas estavam em declínio. Ele fora derrotado na 3ª Guerra Síria contra Ptolomeu III do Egito e teve de lutar contra seu irmão Antíoco Hierax numa guerra civil. Em 223 a.C, Antíoco III, o Grande (também filho de Antíoco II) toma o trono. Na 4ª Guerra Síria com o Egito, é derrotado na Batalha de Ráfia (217 a.C.), mesmo assim torna-se o maior soberano dos selêucidas após Seleuco I. Ao voltar ao ocidente, em 205 a.C., Antíoco III sabe da morte de Ptolomeu e vê um momento propício para uma nova campanha ocidental. Faz um acordo com Filipe V da Macedônia para dividir as posses ptolemaicas fora do Egito (que incluía a Palestina), e na 5ª Guerra Síria os selêucidas tiram de Ptolomeu

V o controle da Celessíria (vale do Líbano e Judeia). Depois de um século sob o domínio dos Ptolomeus, os judeus ficam sob o domínio de Antíoco III (o Grande). O acordo Filipe V & Antíoco III deixa seus vizinhos no mar Egeu e Ásia Menor: Rodes e Pérgamo ficaram inquietos, tanto que enviaram embaixadas a Roma revelando os planos macedônios. Roma toma o partido deles e na batalha de Cinoscéfalos (198 a.C.) derrota Filipe V da Macedônia.

A HELENIZAÇÃO SE INSTALA

O tempo avança. Entre 171-168 a.C., Antíoco IV Epifânio, da dinastia selêucida, que governou a Síria entre 175-164 a.C., envolve-se na 6ª Guerra da Síria contra o Egito e derrota os reis Ptolomeu VI e Ptolomeu VIII. Ele queria cercar Alexandria, mas Roma o força a recuar. Diante do cerceamento romano, Antíoco foca sua atenção na Judeia e tenta helenizá-la de vez. Seu pai (Antíoco III) concedera ampla autonomia aos judeus permitindo aos sumos sacerdotes continuarem governando conforme suas leis. Mas a influência grega era forte. A helenização estava por todos os lados. Não havia como evitar o contato e absorção da cultura e o modo de pensar dos gregos. A Bíblia já fora traduzida para o grego. Judeus adotaram nomes e vestimentas gregas. No entanto estavam divididos! Havia dois partidos: um contra e outro a favor da helenização. Muitos sacerdotes acenavam positivamente à influência helenista, pois achavam que ajudaria o judaísmo acompanhar a evolução dos tempos e usaram ideias helênicas em seus comentários bíblicos. Segundo Oskar Skarsaune, em À *Sombra do Templo: as influências do judaísmo no cristianismo primitivo* (Vida Nova, 2004), "Primeiro, o helenismo explicava a existência do mundo por meio de uma lei oculta que rege todo o universo, o Logos, sendo tarefa moral da Humanidade viver conforme essa razão divina, que é a lei da ética e da natureza. Os sábios judeus adotaram esta ideia e aplicaram-na à lei de Moisés. Desta forma, diziam os rabinos, que a Torá é o padrão oculto mediante o qual o mundo foi criado; assim, uma vida de acordo com a lei da natureza é também uma vida de acordo com a Torá" (p. 28). Um sacerdote simpático à influência era Josué. Ele helenizara seu nome para Jasão e promovia culto ao Hércules de Tiro. Jasão era irmão do sumo sacerdote Onias (Chonyo), que estava em Antioquia, e suborna Antíoco IV para obter tal cargo. Embora não fosse do feitio grego interferir no sacerdócio judaico,

Cápitulo I – Surge Israel

Antíoco precisava de dinheiro para as campanhas militares e queria um líder judeu promovendo a helenização na região. Então, indica Jasão como sumo sacerdote e permite que construa um "ginásio de esportes" em Jerusalém para a educação de jovens segundo os modelos culturais gregos.

ASSALTANDO O TEMPLO

Mas Antíoco queria unificar o mundo oriental contra os romanos. Sua ideia era invadir e anexar o Egito ao seu império, mas precisava de dinheiro. Havia muito em Jerusalém, onde Menaém, homem de confiança do sumo sacerdote Jasão, também era simpático aos valores gregos e já havia helenizado seu nome para Menelau. Ele não tinha estirpe sacerdotal, mas queria o cargo de Jasão. Então propôs a Antíoco nomeá-lo ao cargo em troca de dinheiro. Em 172 a.C., Menelau torna-se sumo sacerdote e força o plano de Antíoco em Judá, que ainda não se rendera ao helenismo. No entanto, para pagar a dívida, Menelau tira dinheiro do tesouro do templo. Onias, exilado em Antioquia, mostra-se contra e Menelau manda matá-lo. O clima fica pesado e um confronto se ensaia. Flávio Josefo comenta o fato: "Jasão, não se podendo conformar por ter sido excluído do cargo, ficou inimigo de Menelau, e os filhos de Tobias ficaram com esse último.

Mas a parte do povo favorecia Jasão e assim eles foram obrigados a se refugiar junto a Antíoco. Disseram ao soberano que tinham decidido a renunciar os costumes de seu país para abraçar a religião e a maneira de viver dos gregos e lhe pediram permissão para construir um lugar de exercícios em Jerusalém. Ele consentiu e então ocultaram os sinais da circuncisão para não serem distinguidos dos gregos quando, correndo ou lutando, tivessem que se despir; abandonado assim todas as leis de seus antepassados, eles não se diferenciavam em nada das nações estrangeiras". (Antiguidades Judaicas, livro 12, passagem 363). Antíoco chega à Alexandria, Egito, mas os romanos tinham vencido o Império Macedônio na Grécia e enviam um cônsul que sugere a Antíoco voltar à Síria. Sabendo do poderio romano, ele logo acata. Em Jerusalém, os judeus acham que ele foi derrotado e começam as desordens. Entre os exaltados, está Jasão que forma um grupo armado de mil homens, ataca Jerusalém e mata vários partidários de Menelau, mas é superado pelos cidadãos e foge para a Jordânia. Menelau foge depois para Esparta onde é executado em Bereia por ordem de Antíoco V Eupátor (que quer dizer "nascido de bom pai", no caso: Antíoco IV Epifânio).

O REGRESSO DE ANTÍOCO IV EPIFÂNIO

Ao saber do ocorrido, Antíoco marcha contra Jerusalém e aplica um corretivo nos revoltosos: entra no templo, rouba dinheiro, objetos cerimoniais e mata muitos judeus (170 a.C.). Suspende as liberdades civis e religiosas. Proíbe os sacrifícios diários, a circuncisão, o *shabbat* (cessação do trabalho, observado a partir do pôr do sol da sexta-feira até o pôr do sol do sábado) e ordena um culto ao deus grego Zeus Olímpico sobre o altar do holocausto. Para completar, manda queimar cópias das Escrituras e força os judeus a comer carne de porco — o que era ilegal. Pior: profana o templo mandando sacrificar uma porca sobre o altar do holocausto ofendendo assim a consciência religiosa dos judeus.

Os soldados selêucidas tomam conta de toda Jerusalém. Antíoco continua administrando a helenização dos judeus visando criar uma uniformidade cultural entre o povo. Embora muitos aceitassem o helenismo, o grupo dos hassidim (piedosos) pregava obediência à Lei Mosaica. O povo, revoltado com os sacerdotes helenizados, fica do lado dos hassidim. Mas o martírio se estende, pois tinham de escolher entre adotar os costumes e sacrifícios pagãos ou a morte. Os livros apócrifos dos Macabeus relatam casos de homens, mulheres e crianças que preferiram morrer a concordar. É o que diz o Livro dos Macabeus, um dos livros deuterocanônicos do Antigo Testamento da Bíblia católica com 16 capítulos. I Macabeus 1, 56-64: "Quanto aos livros da Torá, os que lhes caíam nas mãos eram rasgados e lançados ao fogo. Onde quer que se encontrasse, em casa de alguém, um livro da Aliança ou se alguém se conformasse à Torá, o decreto real o condenava à morte. Na sua prepotência assim procediam, contra Israel, com todos aqueles que fossem descobertos, mês por mês, nas cidades. No dia 25 de cada mês, ofereciam-se sacrifícios no altar levantado sobre o altar dos holocaustos. Quanto às mulheres que haviam feito circuncidar seus filhos, eles, cumprindo o decreto, as executavam com os filhinhos pendurados a seus pescoços, e ainda com seus familiares e com aqueles que haviam operado a circuncisão. Apesar de tudo, muitos em Israel ficaram firmes e se mostr-

Cápitulo I – Surge Israel

aram irredutíveis em não comerem nada de impuro. Eles preferiam morrer a contaminar-se com os alimentos e profanar a Aliança sagrada, como de fato morreram. Foi sobremaneira grande a ira que se abateu sobre Israel". Sim, algo de ruim pairava sobre Israel, mas os judeus resolveram resistir. Muitos são perseguidos e mortos, o que provoca uma rebelião liderada por Matatias e seus filhos, os macabeus.

A REVOLTA DOS MACABEUS

Os macabeus lideraram o movimento de independência da Judeia e reconsagraram o Templo de Jerusalém. Na época da desordem, vários judeus permanecem fiéis à Torá. Entre eles o sacerdote Matatias, chamado de Hasmoneu por causa do nome do patriarca de sua linhagem (Hasmon). Matatias se recusa a servir no templo profanado e se exila com a família em Modin. Seus cinco filhos: João, Simão, Judas, Eleazar e Jônatas são solicitados para os sacrifícios sacrílegos, mas Matatias mata o judeu traidor que ia executá-los e depois o emissário selêucida real. Em seguida, ele convoca os judeus fiéis à Torá, entre eles, os hassidim (assideus). Depois foge com seus filhos para as montanhas de onde começa uma ação de resistência aos estrangeiros. Em I Macabeus 2, 42-47 temos: "Então se ajuntou a eles o grupo dos judeus assideus, particularmente valentes em Israel, apegados todos à lei, e todos os que fugiam das perseguições se ajuntaram do mesmo modo a eles e os reforçaram. Formaram, pois, um exército e na sua ira e indignação massacraram certo número de prevaricadores e de traidores da lei; os outros procuraram refúgio junto aos estrangeiros. Assim Matatias e seus amigos percorrem o país, destroem os altares e circuncidam a força as crianças, ainda incircuncisas nas fronteiras de Israel, perseguem os sírios orgulhosos e sua empreitada alcança êxito."

JUDAS MACABEU (YEHUDAH MAKKABI)

Matatias morre em 166 a.C. e seu filho Judas assume a liderança. A palavra macabeu vem do siríaco *maqqaba* = martelo, nome lhe dado devido à bravura em combate. Judas desenvolveu técnicas de guerrilha e venceu as tropas selêucidas. Em 164 a.C., toma Jerusalém e rededica o templo - conhecido como a Festa de Chanucá. Em I Macabeus 4, 52-54,59 temos: "No dia 25 do nono mês (chamado Casleu) do ano 148, eles se levantaram de manhã cedo e ofereceram um sacrifício, segundo as prescrições da Lei, sobre o novo altar dos holocaustos que haviam construído. Exatamente no mês e no dia em que os gentios o tinham profanado, foi o altar novamente consagrado com cânticos e ao som de cítaras, harpas e címbalos (...) E Judas, com seus irmãos e toda a assembleia de Israel, estabeleceu que os dias da dedicação do altar fossem celebrados a seu tempo, cada ano, durante oito dias, a partir do dia 25 do mês de Casleu, com júbilo e alegria".

Com a morte de Antíoco IV, em 164 a.C., a luta de resistência continua contra Antíoco V (164-162 a.C.) e o regente Lísias e, depois contra Demétrio I Sóter (161-150 a.C.).

A DINASTIA HASMONEIA (OU ASMONEIA)

Após a morte de Judas Macabeu, a liderança da luta contra os selêucidas passa a Jônatas que faz alianças com Esparta e Roma visando o reconhecimento de Israel como nação livre diante do império selêucida. A luta continua até 153 a.C. quando se torna sumo sacerdote de Israel por decreto do rei selêucida Alexandre Balas, a quem se aliara para ajudar a usurpar o trono de Demétrio I Sóter. Alcançado o objetivo, Jônatas é contemplado com o governo da Judeia a qual conduz com independência quase total. Mas, Antíoco VI, sucessor de Alexandre Balas, torna-se hostil aos judeus e surge uma nova luta, desta vez liderada pelo sumo sacerdote Simão, irmão de Jônatas. A independência, de fato, só ocorre com o filho de Simão: João Hircano I, o sumo sacerdote e rei da Judeia, que se vê sob uma ameaça de invasão dos Selêucidas comandados por Antíoco VII. Por 3 mil talentos, Hircano convence Antíoco poupar Jerusalém e atacar a Pártia (130 a.C.) apoiado pelos judeus, recuperando a Mesopotâmia, a Babilônia e a região dos Medos, entretanto, Antíoco é emboscado e morto pelo rei pártio Fraates II. O reino Selêucida fica reduzido à Síria, mas a independência da Judeia se mantém.

SURGEM OS ESSÊNIOS

No período de João Hircano I (134-104 a.C.) e Alexandre Janeu (103-76 a.C.), o reino judeu incorpora regiões da Palestina: Mádaba, Samega, Adora,

Capítulo 1 – Surge Israel

Marisa, Idumeia e Siquém (capital dos Samaritanos com templo no Monte Garzim). Começa uma judaização forçada dos conquistados. Nessa época, destacam-se três facções (político-religiosas) na Judeia: os fariseus e os saduceus (a serem vistos no capítulo 2) e os essênios (no capítulo 3). Os fariseus reagem contra a judaização forçada pelo macabeu João Hircano I aos povos dominados. João Hircano rompe com os fariseus e alia-se aos saduceus. Os essênios eram os hassidim ou assideus (do grego *asidaioi* = devoto), altamente religiosos e muito zelosos quanto à Lei, e aliados aos hasmoneus contra a helenização, mas diante do fato de os saduceus elegerem um sacerdote sem ter o direito hereditário (falta grave no modo de ver dos essênios), eles rompem com o hasmoneu João Hircano e os saduceus. Após a morte de Alexandre Janeu em 76 a.C., a viúva Salomé se apossa do trono e nomeia seu filho mais velho Hircano II, sumo sacerdote.

DECLÍNIO HASMONEU E OS ROMANOS

Após a morte de Salomé em 67 a.C., Hircano II governa por três meses até seu irmão, Aristóbulo II se rebelar. Travam uma batalha perto de Jericó. Batido, Hircano refugia-se em Jerusalém e resiste, mas Aristóbulo o captura no templo e ele se rende. No acordo de paz, Hircano renuncia ao sumo sacerdócio. Mas não se dá por vencido e procura Aretas III, rei dos Nabateus, de quem obtém apoio para retomar o poder em troca de devolver cidades nabateias, tomadas antes pelos hasmoneus. Com um exército de 50 mil homens, Aretas III sitia Jerusalém por vários meses até o general romano Cneu Pompeu Magno enviar um emissário. Hircano II e Aristóbulo II tentam subornar o emissário Marco Emílio Scaurus que por 400 talentos fica ao lado de Aristóbulo e manda Aretas retirar o exército. Pompeu chega à Síria em 63 a.C., depõe Antíoco XIII e torna o país em província romana. Depois vai para a Fenícia e Judeia, na época, em guerra civil entre Hircano II (fariseus) e Aristóbulo II (saduceus). Os dois irmãos mais um grupo propenso a eliminar dinastia hasmoneia pleiteiam o apoio de Pompeu às suas causas. Pompeu opta por Hircano II, por achá-lo um aliado confiável de Roma. Então, um exército de romanos e judeus sitia Jerusalém por três meses. Ao tomar a cidade, Aristóbulo é preso, mas seus partidários se refugiam no templo que é tomado em 63 a.C. Pompeu entra nele até o Santo dos Santos para ver se havia estátuas ou imagens físicas do Deus judeu. Para ele, era inconcebível rezar a um Deus sem estátua. Nada encontra além dos rolos da Torá. Flávio Josefo relata: "Dos judeus caíram 12 mil, mas poucos romanos [...] e nenhum dano foi feito ao templo, que em tempos anteriores não era acessível nem visto por qualquer pessoa. Pompeu entrou, e não poucos dos que estavam com ele foram também, e viram o que era ilícito ver qualquer outro homem exceto os sumos sacerdotes. No templo havia uma mesa de ouro, um candelabro sagrado, vasos para libações, um monte de especiarias e, além do mais, havia dois mil talentos de dinheiro sagrado: mas Pompeu não tocou em nada devido ao seu respeito pela religião, e neste ponto agiu de forma digna da sua virtude. No dia seguinte, deu ordem aos que estavam ao cargo do templo para limpar e levar as oferendas que a lei exigia a Deus; e restaurou o sumo sacerdócio a Hircano, por ter sido útil de vários modos, e por ter dificultado que os judeus do país dessem ajuda a Aristóbulo em sua guerra contra ele". *Antiguidades Judaicas*, livro 14, capítulo 4. Aristóbulo é levado para Roma e Hircano II torna-se apenas sumo sacerdote. A Judeia torna-se reino subordinado a um procurador romano. Em 37 a.C., Marco Antônio entrega o trono da Judeia a Herodes, o Grande.

HERODES REMODELA O SEGUNDO TEMPLO

Herodes, o Grande, reinou de 37-4 a.C. Segundo Flávio Josefo, Herodes era filho do idumeu Antípater e de Cipros (da Nabateia) quando a Idumeia fora conquistada e o povo obrigado a se converter ao judaísmo. Por ser idumeu, os judeus contestavam a legitimidade de seu reinado. Para amenizar, Herodes casou-se com Mariana, uma hasmoniana filha do alto sacerdote do templo. Ainda assim, temia uma revolta popular e por isso construiu a fortaleza de Massada como refúgio. Em 40 a.C., quando Matatias Antígonas, o último rei da dinastia hasmoneia, entrou na Judeia, Herodes fugiu para Roma. Lá, em 37 a.C., Antônio lhe deu a Judeia garantindo-lhe o reinado com um exército romano. Sua corte era helenizada e culta. Fundou as cidades gregas de Sebaste (Samaria) e Cesareia. Construiu fortalezas, palácios e o belo Templo Herodium. Em 30 a.C., Herodes manda matar Mariana. Em 20 a.C., manda remodelar o templo para agradar a César, construindo num dos vértices da

Capítulo 1 — Surge Israel

muralha a Torre Antônia, uma guarnição romana que dava acesso direto ao interior do pátio do templo. Isso foi considerado profanação pelos judeus, pois não se podia mudar a arquitetura cujo modelo fora dado por Deus a David.

Em 7 a.C., manda estrangular seus filhos tido com Mariana: Alexandre e Aristóbulo IV, por traição. Em 4 a.C., manda executar seu filho mais velho, Antípater. Ao morrer, em 2 a.C. deixa o reino para três filhos: Herodes Arquelau, Herodes Antipas e Filipe. Arquelau governou Samaria, Judeia e Edom de 4-6 d.C., mas o imperador romano Augusto o achava incompetente e nomeou Antipas como tetrarca da Galileia e Pereia (6-39 d.C.). Antipas é muito conhecido pelo Novo Testamento, pois em seu governo nasceu Jesus Cristo e também mandou decapitar o essênio João Batista.

FIM DO SEGUNDO TEMPLO

Neste período, o judaísmo rabínico, conduzido por Hilel, o velho, ganhou destaque popular. Hilel nascera na Babilônia em 60 a.C. e seu nome está associado ao desenvolvimento da Mishná e do Talmude, sendo fundador da Escola de Hilel (Beit Hilel) para ensino de mestres no judaísmo. É autor da frase: "Se eu não sou por mim mesmo, que será de mim? E quando eu sou para mim, que sou eu? E se não for agora, quando?". É também autor da "regra de ouro": "Não faças aos outros aquilo que não gostarias que te fizessem a ti. Essa é toda a Torá, o resto é a comentário; agora ide e aprendei".

Nessa época, o Templo de Jerusalém tinha permissão especial para não exibir a efígie do imperador romano. Em 6 d.C., a Judeia tornou-se província romana seguindo a transição da tetrarquia judaica em um reino romano. Mas nas décadas seguintes, a sociedade sofreu tensões entre as populações greco-romanas de judeus. Em 66 d.C., os judeus da Judeia se revoltam contra Roma e nomeiam um estado novo: Israel. O evento é contado por Flávio Josefo em "A defesa desesperada de Jotapata, o assédio a Jerusalém (69-70 d.C.) e a Heroica Resistência de Massada, por Eleazar ben Yair (72-73 d.C.)". Durante a revolta judaica, a maioria dos cristãos, na época uma seita substituta do judaísmo, se retiram da Judeia. Enfim, o Segundo Templo acaba sendo destruído em 70 d.C. pelas legiões romanas do general Tito Flávio, restando apenas o que conhecemos hoje como o Muro das Lamentações.

CAPÍTULO II

DOMÍNIO ESTRANGEIRO
Religiões e seitas da Judeia

O JUDAÍSMO

É a mais antiga religião monoteísta. O nome vem do hebraico "Yahadút", crê em YHWH como criador e Deus, e de Israel como povo escolhido para receber a revelação da Torá (Leis de YHWH).

Existem várias tradições e doutrinas no judaísmo como o uso do quipá, costumes alimentares e culturais como cashrut, brit milá e peiot. O judaísmo foi relevado pelo Criador através de um acordo eterno com o patriarca Abraão e sua descendência; mas estudiosos creem que o judaísmo seja fruto da fusão e evolução de mitologias e costumes tribais da região do Levante unificadas, mediante a consciência de um nacionalismo judaico.

Muita coisa aconteceu na Judeia entre a abertura do Primeiro Templo (931 a.C.) e a destruição do Segundo Tempo (70 d.C.), principalmente após o Cativeiro da Babilônia (e o foco na campanha de purificação da raça) e durante o domínio estrangeiro. Muitas seitas surgiram, se mesclaram ou sumiram.

Após a queda de Jerusalém em 70 d.C., se finda a autoridade central representada pelo templo. As comunidades locais e seus centros de estudos (sinagogas), cuja maioria era farisaica, se fortalecem e darão origem ao judaísmo rabínico (hebraico: Yahadut Rabanit), que foi uma oposição ao helenismo.

A HELENIZAÇÃO NA PALESTINA

A helenização proporcionou o surgimento de uma literatura judaica focada na história dos judeus. No meio judaico da culta Alexandria, destacou-se uma literatura filosófica cujo expoente máximo era Fílon (20 a.C.- 50 d.C), exemplo clássico de judeu helenista nascido na Judeia, mas, morando em Alexandria, ele tentou integrar a filosofia grega à teologia mosaica escrevendo toda sua obra em língua grega.

O Que Podemos Aprender Com Os Essênios

Na oprimida Palestina surgiu uma literatura histórica, cujo principal autor era o helenista Flávio Josefo (37–100 d.C.). Crê-se que escreveu em aramaico apenas *Guerra Judaica*. O resto de sua obra como *Antiguidades Judaicas* — um paralelo à Bíblia hebraica — foi escrita em grego.

A helenização ganhou espaço porque muitos judeus fascinados pela liberdade grega viam no helenismo uma forma de quebrar o tradicionalismo. A cultura helenística avançou forte na segunda metade do século 1º a.C. e no século 1º d.C. alcançou a elite de Jerusalém, os saduceus, que cedem à beleza da arquitetura helenística e aos modos gregos de prazer. Segundo Flávio Josefo, Jerusalém tinha 120 mil habitantes, e na época das peregrinações religiosas ao templo, circulavam ali 500 mil pessoas. O helenismo permaneceu. Herodes, o grande, durante o domínio romano, criou cidades helenizadas com anfiteatro, hipódromo, palácios com grandes colunas. Os gregos investigavam fatos históricos esmiuçando detalhes e interpretações, enquanto os judeus se preocupavam em relatar a história desde a criação do mundo. Em meio à helenização vai ocorrer a Revolta dos Macabeus — movimento de independência da Judeia do jugo dos selêucidas. Começa com o sacerdote Matatias se recusando a servir no templo e organizando uma resistência apoiado pelos fiéis à Torá como os *hassidim* (piedosos). Seu filho Judas Macabeu assume a liderança em 164 a.C. e destrói altares helênicos, repõe os costumes judaicos e rededica o Templo de Jerusalém dando início à dinastia hasmoneia.

SEITAS JUDAICAS

A princípio citam-se duas seitas: os saduceus (descendentes de Zadoque) que seguiam a Torá escrita, e os fariseus que seguiam a Torá escrita e a oral. No período do Segundo Templo surgiu a dos betusianos que seguia a Torá escrita (depois deram origem aos caraítas), e a seita do Mar Morto (essênios) que acrescentou vários livros à Torá. Durante a dinastia hasmoneia (164 a.C. até o início do domínio romano em 63 a.C.) temos três facções (político-religiosas) atuando na Judeia, fazendo alianças e rompendo-as segundo seus pontos de vista:

Cápitulo II - Domínio Estrangeiro

Fariseus (perushim);
Saduceus (zadoquitas ou zadoqueus);
Essênios (hassidim ou assideus).

Segundo Josefo, os fariseus podem ter originado os hassidim que, desiludidos com a política, voltaram-se à vida religiosa e ao estudo da Torá esperando a vinda do messias e do reino de Deus; os saduceus se diziam legítimos descendentes de Zadok, portanto detentores do sumo sacerdócio e da liderança religiosa em Israel; os essênios podem ser também oriundos dos hassidim que junto com um grupo de sacerdotes desgostosos deixaram a sociedade judaica para viver no deserto preparando o caminho para o messias. Parece que havia uma "quarta filosofia" talvez associada aos grupos antirrevolucionários romanos como o *sicarii* e os zelotes. Fílon fala dos terapeutas, o melhor tipo de "bondade perfeita" que já "existiu em muitos lugares do mundo habitado". Ele não sabia a origem do nome e o deriva do termo grego *therapeutae* no sentido de "cura" ou "culto" como médicos de almas ou servos de Deus. Talvez sejam os essênios.

OS CARAÍTAS

Segundo algumas fontes, desde que o povo judeu recebeu as Leis de YHWH, seus seguidores eram chamados de justos (a outra categoria era dos "pecadores"). Só após o século 9º d.C. os justos passaram a ser chamados de caraítas (do hebraico *qaraim* ou *bnei mikra* = seguidores das escrituras). No decorrer do tempo, os justos receberam nomes como saduceus, betusianos, ananitas e caraítas para distingui-lo das seitas que iam surgindo. O caraísmo crê na Torá escrita (sem adições ou subtrações) e nos profetas da Tanakh. Esperam a vinda do messias e confiam na ressurreição dos mortos. Rejeitam o Talmude e a Mishná (aceitos pelo judaísmo rabínico) e não seguem costumes judaicos rabínicos como o uso de *kipá*, *peiot*, *tefilin* e afins. Com a destruição do Segundo Templo, sobreviveram os fariseus que seguiam duas Torás (escrita e oral) e deram origem ao judaísmo rabínico, compilando suas leis e tradições no Talmude. O judaísmo caraíta contrasta-se ao judaísmo rabínico ao desconsiderar a Torá oral e a enfatizar apenas o valor da Torá escrita, descartando qualquer escritura fora do Tanakh, como o Talmude, o Novo Testamento cristão e outros textos. Seguem um calendário móvel baseado na Lua nova, ao contrário dos rabinistas, que seguem um calendário fixo.

SADUCEUS E BOTUSIANOS

A obra pós-talmúdica *Avot* do Rabi Natan cita a separação entre saduceus e botusianos: Após aprender a máxima de Antígono de Sokho: "não sejam como criados que servem aos senhores por salários, mas sejam como os que servem sem pensar, sem receber salários", seus dois alunos Zadoque e Boethus repetiam-na aos seus discípulos. Mas, com o passar do tempo nem eles nem os discípulos entendiam bem isso para poder expressar a convicção de que não havia vida após a morte nem ressurreição do morto, e então fundaram as seitas dos saduceus e dos botusianos. Eles viviam no luxo usando objetos de prata e ouro, não por serem arrogantes, mas porque os fariseus levavam uma vida dura na Terra e não teriam nada no mundo por vir. Percebe-se que as duas seitas negavam a imortalidade da alma e a ressurreição. O Midrash diz que essas seitas obtinham sectários entre os ricos, mas não revela a origem delas. A Mishná e a Baraita citam os botusianos opondo-se aos fariseus quanto a procedimentos na Páscoa e sobre o sumo sacerdote preparar o incenso dentro ou fora do Santo dos Santos no Dia da Expiação. Os saduceus adotavam a Torá escrita e os fariseus, a escrita e a oral. Os betusianos seguiam a Torá escrita (sem acréscimos).

OS SADUCEUS AVANÇAM

Foram ativos entre 516 a.C. até 70 d.C. (período do Segundo Templo). Josefo cita que tinham nível socioeconômico superior na sociedade judaica, mas cumpriam vários papéis políticos, sociais, e religiosos, incluindo a manutenção do Templo. Acredita-se que, após a destruição do Segundo Templo, podem ter originado os caraítas, devido às antigas conexões. Conforme o estudioso rabino alemão Abraham Geiger (1810-1874), os saduceus tiraram o nome de Tzadok (Zadoque) e *kohen gadol* do Primeiro Templo que deu origem aos Filhos Kohanim de Tzadok. Mas outros estudiosos alegam que os saduceus surgem dos betusianos durante o período do Segundo Templo, com Zadoque e Boethus, alunos de Antígono de Sokho. Ao longo do período do Segundo Templo, Jerusalém passou por vários regentes. Alexandre toma Jerusalém dos Persas (539-334 a.C.) originando o período helenístico (334-63 a.C.). Com a morte de Alexandre (323 a.C.), os Ptolomeus controlam a Judeia (301-200 a.C.) mantendo-o até os selêucidas dominarem (200-167 a.C.) e sofrerem a Revolta do Macabeus liderada por Matatias e seu filho Judas, o macabeu. Os selêucidas só saem em 63 a.C., quando os romanos conquistam Jerusalém. Após alguns anos de conflito (guerras judaico-romanas), os romanos ocupam Jerusalém e destroem o Templo em 70 d.C.

O PAPEL DO TEMPLO NESSE TEMPO

Era mais do que local de culto, era o centro da sociedade. Por isso, os sacerdotes ocupavam cargos de líderes oficiais fora do templo. As ideias democratizantes do período helenístico mudaram o foco do judaísmo para longe do templo e no século 3º a.C., uma classe de escribas começou a emergir. Conforme Shaye Cohen, professor de literatura hebraica e filosofia no Departamento de Idiomas do Oriente Próximo e Civilizações da Universidade de Harvard, novas organizações e "elites sociais" apareceram. Foi também nesse tempo que o sumo sacerdócio (saduceus) ganhou fama de corrupto. Questões sobre a legitimidade do Segundo Templo e a liderança dos saduceus corriam soltas pela sociedade judaica. Várias seitas surgiram no período dos macabeus. O templo em Jerusalém era o centro formal de liderança política e governo, embora seu poder fosse contestado e disputado por grupos da periferia.

O PAPEL RELIGIOSO DOS SADUCEUS

Seus deveres religiosos incluíam a manutenção do templo em Jerusalém. O alto *status* social deles era reforçado pelas responsabilidades sacerdotais, como manda a Torá. Os sacerdotes tinham que executar sacrifícios no Templo — método primário de culto no antigo Israel. Isto também incluía presidir sobre sacrifícios nos três festivais de peregrinação a Jerusalém. As convicções religiosas e os *status* sociais eram reforçados mutuamente, já que o sacerdócio representava a classe mais alta na sociedade judaica. Parece que saduceus e sacerdotes não eram sinônimos. O professor Shaye Cohen, em seu livro *From the Maccabees to the Mishnah* (2006), chama a atenção para que "nem todos os sacerdotes, sumos sacerdotes, e aristocratas eram saduceus; muitos eram fariseus, e outros não eram de qualquer grupos". Como dito acima, acredita-se amplamente que os saduceus eram descendentes da Casa de Zadok e buscavam preservar esta linha sacerdotal e a autoridade política do templo.

O PAPEL POLÍTICO DOS SADUCEUS

Era da alçada dos saduceus supervisionar muitos negócios formais do estado, tais como:

Administrar o estado internamente;
Representar o estado internacionalmente;
Participar no Sinédrio (onde encontravam fariseus);
Coletar impostos (que entravam como tributo internacional de judeus na Diáspora);
Equipar e conduzir o exército;
Relações regulares com os romanos;
Mediar queixas internas.

CRENÇAS SADUCEIAS

De acordo com Flávio Josefo, os saduceus acreditavam que:

Não há destino;
Deus não comete mal;
O homem tem livre-arbítrio (livre escolha do bem ou mal);
A alma não é imortal;
Negavam a ressurreição dos mortos (Mateus 22, 23; Marcos 12, 18)
Não há recompensa ou penalidades após a morte;
Negavam a existência de um mundo espiritual: anjos e demônios (Atos 23, 8).

Cápitulo II – Domínio Estrangeiro

DEBATES COM OS FARISEUS

Os saduceus rejeitavam a ressurreição dos mortos — doutrina central dos fariseus, portanto, "pano para manga" nunca faltou para inflamar bons debates. Os saduceus valorizavam mais a política do que a religião. Os fariseus valorizam mais a religião do povo e não se interessavam por política.

Os saduceus rejeitavam a lei oral proposta pelos fariseus e viam na Torá escrita a única fonte de autoridade divina. A lei escrita, em sua representação do sacerdócio, confirmava o poder e impingia a hegemonia dos saduceus na sociedade judaica. Para os fariseus, água derramada ficava impura por seu verter. Os saduceus negavam que isso fosse motivo suficiente para a impureza. Muitas das disputas entre saduceus e fariseus eram em torno do tema impureza (*tumá*) e pureza (*tahará*). Tal ênfase à pureza é uma característica de grupos sacerdotais que usam suas percepções de "santidade" e "maldade" para impingir seu poder? De acordo com a lei judaica, herdam as filhas quando não houver nenhum filho; caso contrário, os filhos herdam. Para um fariseu, se um filho morto deixasse só uma filha, então ela dividiria a herança com os filhos de seu avô. Os saduceus sugerem que é impossível para a neta ser mais favorável ao seu avô do que à sua própria filha e, portanto, rejeitavam tal decisão (uma prova da ênfase saduceia na descendência patriarcal). Os saduceus mandam o dono pagar pelos danos causados por seu escravo. Os fariseus não impõem tal solução, pois o escravo pode fazer dano com intenção de prejudicar seu dono. Para os fariseus as falsas testemunhas são executadas se a sentença for proferida com base em seu testemunho, mesmo ainda não executada. Os saduceus afirmam que as falsas testemunhas são executadas só se a pena de morte já foi confirmada ao falso testemunho.

CONTRÁRIOS AOS ESSÊNIOS?

Os textos do Mar Morto, atribuídos aos essênios, sugerem ideologias e posições sociais conflitantes entre essênios e saduceus. Alguns estudiosos creem que os essênios surgem como um grupo de renegados zadoquitas, e isso quer dizer uma origem sacerdotal, ou seja: saduceia! Nos textos do Mar Morto, os saduceus são muitas vezes referidos como Manassés, sugerindo que os saduceus (Manassés) e os fariseus tornaram-se comunidades religiosas distintas dos essênios que eram a Judá verdadeira. Os embates entre essênios e saduceus estão no Pesher Nahum: "Eles (Manassés) são os maus[...] cujo reinado sobre Israel, será derrubado[...] suas esposas, filhos e crianças vão para o cativeiro. Seus guerreiros e seus honrados (morrerão) pela espada". A referência aos saduceus como reinantes sobre Israel confirma seu *status* aristocrático em oposição ao periférico grupo dos essênios. Ademais, sugere que os essênios desprezaram a autoridade dos saduceus culpando-os pela queda do antigo Israel e o cerco de Jerusalém devido à sua falta de devoção. Os textos do Mar Morto marcam a elite saduceia como quem quebrou o pacto com Deus quando governavam os judeus, e assim, tornaram-se alvos da vingança divina.

CONTRÁRIOS AO CRISTIANISMO?

O Novo Testamento, especialmente os livros de Marcos e Mateus, contam histórias que indicam rusgas entre Jesus e os saduceus, pois diferiam em crenças, *status* social e textos sagrados. Essas disputas ocorreram em níveis teológicos e sociais. Os saduceus desafiaram a crença de Jesus na ressurreição divina, e Jesus se defendeu. Em Marcos 12, 26, 27 temos: "E, acerca dos mortos que houverem de ressuscitar, não tendes lido no livro de Moisés como Deus lhe falou na sarça, dizendo: Eu sou o Deus de Abraão, e o Deus de Isaac, e o Deus de Jacó?". "Ora, Deus não é de mortos, mas sim, é Deus de vivos. Por isso vós errais muito". O tom e o teor da passagem mostram um debate teológico e sociopolítico. Jesus desafia a confiabilidade da interpretação dos saduceus na doutrina bíblica, a autoridade que impõe o poder do sacerdócio saduceu. Além disso, os saduceus abordam a questão da ressurreição pela lente do casamento, que "dá a entender em sua agenda real: a proteção dos direitos de propriedade por meio do casamento patriarcal que perpetua a linhagem masculina". Além disso, Mateus descreve os saduceus como uma perversão do verdadeiro Israel. Em Mateus 3, 7 temos: "E, vendo ele muitos dos fariseus e dos saduceus, que vinham ao seu batismo, dizia-lhes: Raça de víboras, quem vos ensinou a fugir da ira futura?". Está clara a oposição de Jesus aos saduceus.

Cápitulo II = Domínio Estrangeiro

CONTRÁRIOS AOS FARISEUS?

Josefo descreve em *Antiguidades*: "Os fariseus deram ao povo muitas observâncias através da sucessão de seus pais, as quais não estão escritas na lei de Moisés e, por isso os saduceus as rejeitam por considerar essas observâncias obrigatórias às quais estão na palavra escrita, mas não estão observando o que é derivado da tradição de nossos antepassados". Os saduceus rejeitam o uso farisaico da lei oral para forçar suas ambições ao poder citando a Torá escrita como manifestação exclusiva da divindade. E acusavam os fariseus de serem contra o judaísmo tradicional devido à sua assimilação do helenismo. Em síntese, os fariseus representavam um judaísmo ortodoxo no mundo helênico, e os saduceus uma elite mais aristocrática.

OS FARISEUS

Embora os sacerdotes controlassem os rituais do Templo, os escribas e sábios (depois chamados rabinos) dominaram o estudo da Torá. Eles mantinham uma tradição oral que acreditavam ter origem no Monte Sinai junto com a Torá de Moisés (escrita) e podem ser a origem dos fariseus. Segundo o rabino romeno Ernest Klein em *A Comprehensive Etymological Dictionary of the Hebrew Language for Readers of English* (1987), a palavra "fariseu" que dizer "separados" tanto em grego = *pharisaios*, quanto em hebraico = *perushim*. Estudiosos acham que a "separação" foi dos ideais de Judas Macabeu após 165 a.C., outros veem uma ligação com os hassidim (movimento antijudeu helenista criado no reinado de Antíoco Epifânio) e sua "separação" dos pecados de Jerusalém ou das Escrituras na reforma de Esdras.

Para Josefo, os fariseus foram os expositores mais experientes e precisos da lei judaica. Sim, ele era fariseu, e afirma que os fariseus tinham ajuda e afeição das pessoas comuns, em contraste com os saduceus que eram da elite. Os fariseus alegavam uma autoridade profética ou mosaica à sua interpretação das leis, enquanto os saduceus representavam a autoridade dos privilégios sacerdotais e as regalias estabelecidas no tempo de Salomão quando Zadoque era sumo sacerdote. As "pessoas comuns", citadas por Josefo, indica que a maioria dos judeus era "só o povo judeu" separando-o dos principais grupos litúrgicos.

Não foram poucas as desavenças entre fariseus e saduceus desde o cativeiro babilônico até o domínio romano. Temos quatro básicas:

> **DE CLASSE:** *entre ricos e pobres, à medida que os saduceus incluíam suas famílias sacerdotais e aristocráticas.*
>
> **CULTURAL:** *entre os que queriam a helenização e os que não.*
>
> **JURÍDICO-RELIGIOSO:** *entre os que enfatizavam a importância do Segundo Templo com seus ritos de culto e serviços, e os que se importavam com as leis mosaicas e os valores proféticos.*
>
> **RELIGIOSO:** *envolveu as diferentes interpretações da Torá e como aplicá-las à vida judaica cotidiana, com os saduceus reconhecendo apenas a Torá escrita e as doutrinas rejeitadas, como a Torá oral e a Ressurreição dos Mortos.*

GANHANDO FORÇA!

A posição social e as crenças dos fariseus mudaram ao longo do tempo junto com as mudanças políticas e sociais na Judeia. Segundo Cecil Roth em *A History of the Jews: From Earliest Times Through the Six Day War* (1970), enquanto os saduceus eram conservadores, monarquistas e aristocratas, os fariseus eram tolerantes, populares e democráticos. Exemplo: para um fariseu "um *mamzer* sábio tem precedência sobre um sumo sacerdote ignorante". Leo Schwartz em *Great Ages and Ideas of the Jewish People* explica: *mamzer* é uma criança pária nascida de uma relação proibida, como adultério ou incesto, em que o casamento dos pais não podia legalmente ocorrer. A palavra é às vezes traduzida incorretamente por "ilegítimo" ou "bastardo".

Os saduceus rejeitavam o princípio farisaico da Torá oral e eram severos no modo de entendê-la. Por exemplo: a interpretação de "olho por olho" para os fariseus era que o valor de um olho seria pago pelo culpado. Para os sadu-

Cápitulo II = Domínio Estrangeiro

ceus, em seu entendimento literal, o olho do infrator seria removido. Para os fariseus, os saduceus queriam mudar a compreensão judaica da Torá. Os historiadores têm o judaísmo farisaico como progenitor do judaísmo rabínico, que é o judaísmo em voga após a destruição do Segundo Templo. Todas as formas de judaísmo atual são herdeiras do judaísmo rabínico, ou seja: fariseu.

HASMONEUS NO PODER

Saduceus e fariseus eram como partidos políticos. Os fariseus não apoiavam as guerras de expansão hasmoneia e a conversão forçada dos idumeus ao judaísmo. Naturalmente, Alexandre Janeu (hasmoneu) tomou partido dos saduceus e adotou seus ritos no templo. Segue-se um tumulto no templo e uma guerra civil que termina com uma repressão sangrenta dos fariseus, embora o rei tenha chamado ambas as partes para reconciliação à beira da morte. Alexandre foi sucedido por Salomé Alexandra, cujo irmão Shimon ben Shetach era um líder fariseu. Hircano II, o filho mais velho de Salomé, torna-se sumo sacerdote. Aristóbulo, o filho mais novo, se rebela. Durante essa fase, a influência política dos fariseus cresceu muito, especialmente no Sinédrio. Por sua vez, Hircano tinha apoio dos fariseus, e Aristóbulo busca apoio dos saduceus.

O PERÍODO ROMANO

Segundo Josefo, os fariseus pedem ajuda ao general Cneu Pompeu para restaurar o antigo sacerdócio. Pompeu fica do lado deles e vence Aristóbulo (saduceu). Após tomar o templo nomeia Hircano II sumo sacerdote e etnarca (título inferior a rei) e dá autoridade política ao procônsul da Síria. Em 40 a.C., Antígono, filho de Aristóbulo, derruba o idumeu Antípatro e nomeia-se rei e sumo sacerdote da Judeia. Antígono é o último rei hasmoneu. Com o fim da dinastia hasmoneia, os essênios são perseguidos e se retiram para o deserto para viver em comunidade. O filho de Antípatro, Herodes foge para Roma e busca apoio de Marco Antônio e Otávio. Consegue do senado romano o título de rei; mas, na Judeia, Herodes era impopular e visto como fantoche romano. Com a oposição saduceia, ele se volta aos fariseus. Faz uma reforma "helênica" do templo e fica mais impopular ainda. Os fariseus se opõem a ele e são mortos. A família de Boethus, que Herodes elevara ao sumo sacerdócio, se alia aos saduceus, reavivando a velha rixa com os fariseus.

Nas primeiras décadas de domínio romano, o templo permaneceu como centro da vida ritual judaica. Segundo a Torá, os judeus tinham de viajar para Jerusalém e oferecer sacrifícios no templo três vezes por ano: *Pessach* (Páscoa), *Shavuot* (Pentecostes) e *Sucot* (Festa dos Tabernáculos). Os fariseus, como os saduceus, eram politicamente inativos, mas religiosos devotados à sua própria maneira. A princípio, os valores farisaicos se desenvolviam através de debates sectários com os saduceus; então desenvolveram debates internos, não sectários, sobre a lei como a adaptação à vida sem o templo, o que marca a transformação para o judaísmo rabínico.

JUDAÍSMO FARISAICO

Os fariseus deram continuidade a uma forma de judaísmo que ia além do templo, aplicando a lei judaica às atividades mundanas, para santificar o cotidiano. Era uma forma "democrática" de judaísmo cujos rituais não eram realizados pelo sacerdócio hereditário, mas sim por qualquer judeu adulto, não indicado por nascimento, mas por sua formação acadêmica. Em geral os fariseus queriam relacionar a religião às preocupações comuns e à vida cotidiana, o estudo e o debate acadêmico. Diz-se que os saduceus eram uma seita que interpretou a Torá LITERALmente, e os fariseus LIBERALmente.

O historiador judeu polonês Yitzhak Isaac Halevi (1847–1914) sugere que não é uma questão de religião e alega que a rejeição completa do judaísmo não fora tolerada no tempo dos hasmoneus e, portanto, os helenistas alegavam que não estavam rejeitando o judaísmo, mas sim a lei rabínica. Assim, os saduceus eram de fato um partido político e não uma seita religiosa.

A TORÁ ORAL

Sua função era explicar o que estava escrito. Para os fariseus as sagradas escrituras não estavam completas em seus próprios termos e assim não podiam ser compreendidas. Para o acadêmico americano Jacob Neusner, autor

Cápitulo II – Domínio Estrangeiro

de *Introdução ao Judaísmo* (Imago Editora, 2004), as escolas dos fariseus e rabis foram e são santas "porque há homens alcançando a santidade através do estudo da Torá e imitando o comportamento dos mestres". Fazendo isso estão alinhados ao paradigma celeste: aceitar a Torá como criação de Deus "à sua imagem", revelada no Sinai, e entregue aos seus próprios professores... Se os mestres e discípulos obedecerem ao ensinamento divino de Moisés "nosso rabino" então a sociedade e a escola reproduzem na Terra a escola celeste, assim como o discípulo encarna o modelo celestial de Moisés "nosso rabino". Os rabinos acreditam que Moisés era rabino (e será o messias). Deus usa filactérios como um judeu e a corte celestial estuda a Torá tal como se faz na Terra, discutindo até as mesmas questões.

Filactérios são tiras de tecido ou couro amarradas na testa e no braço com textos das Escrituras. Quando Deus mandou que sua Palavra estivesse na testa e nos braços, quis dizer: "Dirigir pensamentos e ações". O texto vai dentro de duas caixinhas de couro; uma na cabeça e outra no braço esquerdo usadas nas preces matinais dos dias úteis. Os fariseus usavam ricas vestes, longas franjas e filactérios para se destacar dos outros na sociedade. Jesus reprovou a ostentação: "Ai de vós, escribas e fariseus, hipócritas! Pois que sois semelhantes aos sepulcros caiados, que por fora parecem formosos, mas por dentro estão cheios de ossos de mortos e de toda imundíce". (Mateus 23, 27-33). Os rabinos acreditam que são projeções de valores celestes para a Terra, portanto concebem que na Terra se estuda Torá assim como Deus, os anjos, e Moisés "nosso rabino", fazem no Céu

O DEBATE E O ESTUDO DA LEI

Os sábios do Talmude acreditavam que ao ensinar a Torá oral para seus alunos, estavam imitando Moisés, que ensinou a lei aos filhos de Israel. Além disso, os rabinos acreditavam que "a corte celestial estudava a Torá exatamente como se faz na Terra, discutindo até as mesmas questões". Assim, debatendo e discordando sobre o significado da Torá ou a melhor forma de pôr em prática, nenhum rabino sentia (ou seu oponente) que de alguma forma rejeitava a Deus ou ameaçava o judaísmo, pelo contrário, era por meio de tais argumentos que os rabinos imitavam e honravam a Deus. Um sinal da ênfase farisaica ao debate e as divergências de opinião é que a Mishná e o Talmude marcaram várias gerações de estudiosos de diferentes escolas contendentes. No século 1º, por exemplo, as duas principais escolas farisaicas eram as de Hilel e Shammai. Após Hilel morrer em 20 d.C., Shammai assumiu o cargo de presidente do Sinédrio até morrer em 30 d.C. Seguidores desses dois sábios dominaram o debate acadêmico ao longo das décadas seguintes. Embora o Talmude registre os argumentos e as posições da escola de Shammai, os ensinamentos da escola de Hilel acabaram por ser tomados como autoridade.

A atitude farisaica é bem exemplificada numa história sobre Hilel, o velho. Certa vez um não judeu desafiou o sábio a explicar a lei enquanto se apoiava num pé só. Hilel respondeu: "Aquilo que é detestável para ti, não o faças ao teu amigo. Isto é toda a Torá; o resto é comentário – vá e estude-a!".

FARISEUS NO NOVO TESTAMENTO

Todos já ouviram falar dos embates travados entre João Batista, Jesus e os fariseus. Em Mateus 3, 1-7 temos: "E, naqueles dias, apareceu João Batista pregando no deserto da Judeia; e dizendo: Arrependei-vos, porque é chegado o reino dos céus; porque este é o anunciado pelo profeta Isaías, que disse: Voz do que clama no deserto: preparai o caminho do Senhor, endireitai as suas veredas. E este João tinha suas vestes de pelos de camelo, e um cinto de couro em torno de seus lombos; e alimentava-se de gafanhotos e de mel silvestre. Então ia ter com ele Jerusalém, e toda a Judeia, e toda a província adjacente ao Jordão era por ele batizada no rio Jordão, confessando seus pecados. E, vendo ele muitos fariseus e saduceus que vinham ao seu batismo, dizia-lhes: "Raça de víboras, quem vos ensinou a fugir da ira futura?"

JESUS ERA FARISEU?

O Novo Testamento, especialmente os Evangelhos Sinópticos (Mateus, Marcos, Lucas), mostram os fariseus como obcecados por regras feitas pelo homem, e Jesus preocupado com o amor de Deus; os fariseus desprezam os pecadores, enquanto Jesus os procura. Conforme H. Maccoby, autor de *The Mythmaker - Paul and the Invention of Christianity* (1986): "Especula-se que

Cápitulo II - Domínio Estrangeiro

Jesus era fariseu e que suas discussões com os fariseus são um sinal de inclusão, em vez de conflito sobre princípios". A discussão é a forma de narrativa dominante usada no Talmude como busca da verdade, e não como sinal de oposição. A ênfase de Jesus sobre amar ao próximo ecoa do ensino da escola de Hilel. No entanto, o ponto de vista de Jesus sobre o divórcio tem mais a ver com os da escola de Shammai, outro fariseu.

NA LINHA FARISAICA

Uma passagem controversa é a história de Jesus perdoando os pecados de um paralítico e os fariseus classificando a ação como blasfêmia. Na história, Jesus contraria a acusação de que ele não tem o poder de perdoar pecados e perdoa-os, e ainda cura o homem. Os cristãos interpretam a parábola do paralítico como uma mostra de que os artificiais ensinamentos dos fariseus tinham "cegado seus olhos" e "endurecido seus corações", e que continuavam (ao contrário das multidões) recusando-se acreditar na sua autoridade.

Porém, historiadores notaram que as ações de Jesus são mesmo semelhantes e consistentes às convicções judaicas e práticas da época - como é registrado pelos rabinos – de que a doença era geralmente associada ao pecado e curada com perdão.

Os judeus rejeitam a sugestão do Novo Testamento que a cura teria sido uma crítica aos fariseus à medida que nenhuma fonte rabínica questiona esta prática.

Outro argumento na mesma linha é que, segundo o Novo Testamento, os fariseus queriam punir Jesus por curar a mão atrofiada de um homem num sábado. Nenhuma regra rabínica foi encontrada na qual Jesus teria violado o sábado. Embora o Novo Testamento mostre os fariseus obcecados em evitar a impureza, textos rabínicos revelam que os fariseus estavam preocupados apenas em oferecer meios para a remoção de impurezas, de modo que a pessoa pudesse participar novamente na comunidade. De acordo com o Novo Testamento, os fariseus se opunham à missão de Jesus junto a grupos marginalizados, como mendigos e os coletores de impostos, mas os textos rabínicos enfatizam a disponibilidade do perdão a todos. De fato, muito do ensinamento de Jesus, como o Sermão da Montanha, é consistente com o pensamento dos fariseus

O Que Podemos Aprender Com Os Essênios

O CRISTIANISMO SEGUE SEU CAMINHO

Estudiosos creem que tais passagens hostis aos fariseus no Novo Testamento foram escritas depois da destruição do Templo de Herodes (70 d.C.). Somente o cristianismo e o farisaísmo sobreviveram à destruição do templo e competiram por um curto período de tempo até o farisaísmo tornar-se forma dominante do judaísmo. Uma vez esclarecido que a maioria dos judeus não considerava Jesus o messias, os cristãos buscaram novos conversos entre não judeus contando uma história de Jesus mais simpática aos romanos do que aos judeus. Embora uma minoria de estudiosos siga a hipótese agostiniana — que o Evangelho de Mateus foi escrito primeiro; o de Marcos usou o de Mateus como fonte; e o de Lucas usou os dois anteriores como fonte — a maioria deles data da coleção dos evangelhos cristãos entre 70-100 d.C., muito depois do cristianismo se separar do judaísmo, e depois do farisaísmo tornar-se forma dominante de judaísmo.

OS FARISEUS E OS ZELOTES

Quando Públio Sulpício Quirino ordenou um censo para fixar um tributo à população, houve uma revolta em 6 d.C. liderada por Judas, o galileu, natural de Gamala, que anunciando um reino messiânico queria combater os impostos que sugavam o povo, a idolatria do Imperador romano e outras injustiças. Então atacou a guarnição romana em Séforis (capital da Galileia), mas foi reprimido e não se sabe seu destino após isso. Mas o movimento continuou. O fariseu Josefo, em Antiguidades Judaicas, atribui a Judas de Gamala e ao fariseu Zadoque a fundação da seita ou movimento zelote. Eram chamados assim por seguirem o exemplo de Matatias, tal foi seu "zelo" pela lei de Deus quando Antíoco IV Epifânio tentou suprimir o judaísmo; portanto, zelotes, do grego = admirador zeloso ou seguidor. Para o fariseu Gamaliel, membro do Sinédrio, Judas foi o exemplo de falso messias. No modo de ver dos zelotes, os sacerdotes e outros líderes religiosos (saduceus) estavam mais preocupados com o seu poder do que com sua libertação dos romanos. Nesse ínterim, mais revoltados se juntam ao grupo dos zelotes. O movimento fica forte. Entre os seguidores de Jesus, Pedro, Judas e seu irmão Thiago eram zelotes. Embora

Cápitulo II = Domínio Estrangeiro

cheios de força, os selotes são rechaçados com violência pelos romanos. A coisa piora quando em 66 d.C. o procurador da Judeia Gessius Florus furta uns talentos do tesouro do templo e envia para Nero, em Roma. Os zelotes, agora liderados por Eleazar Ben Simon, ocupam o templo e a fortaleza Antônia dando início às Guerras judaico-romanas. Josefo tacha a seita dos zelotes como vil e responsável pela incitação da revolta que levou à destruição de Jerusalém e do Templo de Salomão em 70 d.C.

OS FARISEUS SOBREVIVEM

Após as Guerras judaico-romanas (66–136 d.C.), os zelotes perdem força e desvanecem. Os saduceus desaparecem junto com o templo em 70 d.C. Os essênios, já isolados do mundo político, são devastados pelos romanos em Qumran. Sobraram os fariseus, cujos ensinamentos, que iam além das práticas rituais, podiam substituir o culto do templo. De acordo com o Midrash clássico em *Avot* do Rabbi Nathan (4, 5): "O templo foi destruído. Nós nunca testemunhamos sua glória. Mas o rabino Josué o fez. Um dia, quando olhou as ruínas do templo, caiu em prantos. 'Ai de nós! O lugar que expiava os pecados de todo o povo de Israel está em ruínas'. Em seguida, o rabino Yohannan ben Zakkai confortou-lhe com estas palavras: 'Não fique aflito, meu filho. Há outro modo de obter expiação ritual, embora o templo esteja destruído. Agora temos que obter expiação ritual por ações de bondade'". Na época um procurador romano em Cesareia governava a Judeia com um patriarca judeu. O líder fariseu Yohanan ben Zakkai, nomeado primeiro patriarca, restabeleceu o Sinédrio em Yavneh controlado por fariseus. Em vez de dar o dízimo aos sacerdotes e sacrificar ofertas no templo (destruído), os rabinos judeus instruíam a fazer caridade. Além disso, alegavam que todos os judeus deveriam estudar nas sinagogas locais, pois a Torá é a lei: "Moisés nos deu a lei, como herança da congregação de Jacó". (Deuteronômio 33, 4).

MAIS PRESSÃO ROMANA

Com a destruição do Primeiro Templo, os judeus acreditavam que Deus iria perdoá-los e capacitá-los a reconstruir o templo - o que de fato ocorreu em três gerações. Com a destruição do Segundo Templo, os judeus se perguntavam se isso iria acontecer novamente. Em 132 d.C., o Imperador Adriano planeja reconstruir Jerusalém como uma cidade dedicada a Júpiter — um deus pagão! Os judeus revoltam-se. Alguns sábios do Sinédrio apoiam Simon Bar Kochba que fixa um estado independente, mas é vencido pelos romanos em 135 d.C. Com a derrota, acaba a esperança dos judeus de reconstruir o templo. Mas a crença em um Terceiro Templo continua no coração judaico. Os romanos impedem os judeus de entrar em Jerusalém (exceto no dia de Tisha B'Av) e proíbem qualquer plano para reconstruir o templo. Renomeiam a província da Judeia como Síria Palestina e Jerusalém como Aelia Capitolina. Reconstituem o Sinédrio sob a liderança de Judá haNasi (que dizia ser descendente de David). Conferem o título "Nasi" como hereditário, e os filhos de Judá serviam tanto como patriarcas quanto chefes do Sinédrio.

O JUDAÍSMO RABÍNICO

Segundo o historiador Shaye Cohen, após três gerações, a maioria dos judeus concluiu que o templo não seria reconstruído durante suas vidas nem num futuro previsível.

A visão dos fariseus de que as pessoas comuns podiam ajustar o sagrado ao seu cotidiano deu-lhes uma posição significativa em resposta aos anseios da maioria dos judeus. Tal resposta vai gerar o judaísmo rabínico. Na época do Segundo Templo, os fariseus eram uma das muitas seitas. Cada uma alegava ser dona da verdade. No entanto, os membros dessas seitas debatiam entre si sobre a veracidade de suas respectivas interpretações, embora não haja registro de tais debates. O fim do Segundo Templo é o fim das divisões sectárias. Os rabinos evitavam o termo "fariseu". Alegavam liderança sobre todos os judeus e acrescentaram à Amidá o *birkat haMinim*, a oração que diz: "Louvado sejas, ó Senhor, que quebra os inimigos e derrota o arrogante" — que é entendida como rejeição dos sectários e do sectarismo. Tal mudança não resolveu os conflitos sobre a interpretação da Torá; mas relocou os debates entre seitas para dentro do judaísmo rabínico. O compromisso farisaico para o debate acadêmico como um valor em si mesmo, ao invés de apenas um subproduto do sectarismo, surgiu como uma característica definidora do judaísmo rabínico.

Cápitulo II = Domínio Estrangeiro

O QUE SOBROU DAS TRÊS SEITAS?

Quando Flávio Josefo fala das três seitas, expõe que os saduceus acreditavam no livre-arbítrio; os fariseus também, mas que Deus tinha presciência do destino humano; os essênios acreditavam que tudo na vida é predestinado. Verdade ou não, o judaísmo e o cristianismo seguiram seus caminhos, cada uma crendo em sua missão divina. E, dois mil anos depois, as crenças continuam. Uma espera a vinda do messias, outra espera sua volta.

Hoje, com o achado dos Pergaminhos do Mar Morto, temos um reavivamento de alguns conceitos daquele momento histórico, a dúvida continua e quanto às influências só o tempo dirá. Antes disso vamos conhecer mais sobre os essênios no capítulo seguinte.

שמע ישראל יהוה אלהינו יהוה אחד
ואהבת את יהוה אלהיך בכל לבבך ובכל נפשך ובכל מאדך
והיו הדברים האלה אשר אנכי מצוך היום על לבבך
ושננתם לבניך ודברת בם בשבתך בביתך ובלכתך בדרך ובשכבך ובקומך
וקשרתם לאות על ידך והיו לטטפת בין עיניך
וכתבתם על מזזות ביתך ובשעריך

והיה אם שמע תשמעו אל מצותי אשר אנכי מצוה אתכם היום
לאהבה את יהוה אלהיכם ולעבדו בכל לבבכם ובכל נפשכם
ונתתי מטר ארצכם בעתו יורה ומלקוש ואספת דגנך ותירשך ויצהרך
ונתתי עשב בשדך לבהמתך ואכלת ושבעת
השמרו לכם פן יפתה לבבכם וסרתם ועבדתם אלהים אחרים והשתחויתם להם
וחרה אף יהוה בכם ועצר את השמים ולא יהיה מטר והאדמה לא תתן את יבולה
ואבדתם מהרה מעל הארץ הטבה אשר יהוה נתן לכם
ושמתם את דברי אלה על לבבכם ועל נפשכם וקשרתם אתם לאות על ידכם והיו לטוטפת בין עיניכם
ולמדתם אתם את בניכם לדבר בם בשבתך בביתך ובלכתך בדרך ובשכבך ובקומך
וכתבתם על מזוזות ביתך ובשעריך
למען ירבו ימיכם וימי בניכם על האדמה אשר נשבע יהוה לאבתיכם לתת להם כימי ה

CAPÍTULO III

OS MANUSCRITOS
do Mar Morto

Os também chamados Pergaminhos do Mar Morto são centenas de documentos e fragmentos de textos encontrados em 1947 nas cavernas de Qumran, uma região onde se acredita ter vivido a seita judaica dos essênios entre o século 2º a.C. e o início do século 1º d.C. O documento contém partes da Bíblia Hebraica (exceto do Livro de Ester e do Livro de Neemias), livros apócrifos e livros de regras da seita.

COMO FORAM ACHADOS?

Os manuscritos, hoje guardados no Santuário do Livro do Museu de Israel em Jerusalém, são a versão mais antiga do texto bíblico. Foram achados por acaso pelos pastores Muhammad edh-Dhib e Mohammed Ahmed, beduínos da tribo Ta'amireh. Eles procuravam uma cabra perdida e, ao atirar pedras numa caverna para ver se ela estava lá, ouviram o som de algo quebrar. Entraram e acharam vários jarros de cerâmica com rolos dentro.

Esse material foi comprado depois em dois lotes separados: um por Athanasius Samuel, bispo do mosteiro ortodoxo sírio São Marcos em Jerusalém, e o outro por Eleazar Sukenik, da Universidade Hebraica. Os documentos foram confirmados autênticos em 1948. Em 1954, o governo israelense, que já comprara o lote de Sukenik, comprou o lote do bispo ortodoxo por 250 mil dólares. Outra parte dos manuscritos, achada depois em dez cavernas, foi para o Museu Arqueológico da Palestina, que em 1967 passou às mãos de Israel. A tradução do precioso material escrito só avançou mesmo a partir de 1991.

QUEM OS ESCREVEU?

Ainda não se provou a autoria; mas, baseado em referências de outros documentos, atribui-se aos essênios, pois há semelhanças com as práticas identificadas nos textos, embora a palavra "essênio", não apareça nos manuscritos. A comunidade de Qumran era formada por pessoas que viviam voluntariamente no deserto e seguiam uma rotina de hábitos severos baseada em Manuais de Disciplina elaborados por eles mesmos e tidos como sagrados.

O Que Podemos Aprender Com Os Essênios

A IMPORTÂNCIA DO CONTEÚDO

Antes dos manuscritos, as cópias mais antigas das Escrituras Hebraicas eram do século 9º e 10º da Era Cristã que não inspiravam muita confiabilidade. Mas os manuscritos de Qumran mostram-se quase idênticos ao texto massorético, apesar de haver algumas diferenças em relação ao Livro do Êxodo e de Samuel. Texto massorético é um escrito da Bíblia hebraica usada com a versão universal da Tanakh pelo judaísmo moderno, e é fonte de tradução para o Antigo Testamento da Bíblia cristã. O grupo de escribas judeus que reunia os textos divinos num único texto recebeu o nome de "Escola de Massorá". Os "massoretas" escreveram a Bíblia de Massorá, estudando e comparando todos os textos bíblicos conhecidos à época, e o resultado foi o Texto Massorético. Com relação às diferenças, o professor Julio Trebolle Barrera, membro da equipe internacional de editores dos Manuscritos do Mar Morto, declarou: "O manuscrito de Isaías (de Qumran) fornece prova irrefutável de que a transmissão do texto bíblico, durante um período de mais de mil anos pelas mãos de copistas judeus, foi extremamente fiel e cuidadosa".

Os livros mais usados em Qumran eram os Salmos (36 exemplares), Deuteronômio (29 exemplares) e Isaías (21 exemplares) e são os mais citados nas Escrituras Gregas Cristãs. Embora os textos provem que não houve mudanças básicas na Bíblia, revelam que havia versões diferentes dos textos bíblicos hebraicos no período do Segundo Templo, cada qual com suas variações. Nem todos são idênticos ao texto massorético seja na grafia ou fraseologia. Alguns estão mais para a Septuaginta grega. (ver: A helenização dos judeus, capítulo 1).

O QUE DIZEM OS TEXTOS?

Descrevem normas e crenças da seita de Qumran, cujas tradições eram diferentes das dos fariseus e saduceus. A distinção deve ter sido a causa da retirada dos essênios para o deserto. Para o teólogo protestante alemão Emil Schurer, autor de The History of the Jewish People in the age of Jesus Christ, as ruínas de Qumran revelam que a ocupação do local ocorreu na mesma época de formação do grupo essênio, ou seja: entre o reino de Jônatas (sumo

Cápitulo III - Os Manuscritos

sacerdote em 152 a.C.) e a primeira revolta contra os romanos (6 a.C.). Crê-se também que após ter apoiado a Revolta dos Macabeus (166-159 a.C.) o grupo se retirou para o deserto para "preparar o caminho do Senhor", sob o comando de um novo líder, o Mestre da Retidão. Em Isaías 40, 3 temos: "Voz do que clama no deserto: Preparai o caminho do Senhor; endireite no ermo rumo a nosso Deus". Mas os essênios não se limitavam ao deserto. Havia comunidades em vários locais. Seus membros eram tidos como mestres da moralidade. Para eles a luxúria era a corrupção do corpo e da alma e deveria ser evitada. Sua moralidade rígida está estampada na fuga para o deserto, que foi uma atitude mais exemplar do que segregacionista, e era a discordância ao processo de helenização abraçado pela elite judaica em Jerusalém. Vários fragmentos citam que os essênios acreditavam no messias, cuja vinda era vista como iminente.

E O MESSIAS VEIO?

O acadêmico judeu Israel Knohl, presidente do Departamento Bíblico da Universidade Hebraica de Jerusalém, escreveu o livro O Messias Antes de Jesus (Imago-2001) baseado nos pergaminhos. Ele defende a tese de que próximo ao nascimento de Jesus um suposto messias chamado Menahen, o essênio, iniciou uma revolta contra Roma após a morte do rei Herodes, o Grande. Menahen foi morto pelos romanos que proibiram enterrar o corpo deixando-o por três dias na rua. Isso ocorreu por volta de 4 a.C. e os discípulos de Menahen se evadiram.

Esse tal messias era Judas da Galileia (que anunciou um reino messiânico em 6 a.C., mas morreu logo após). Afora o corpo jogado na rua e o sumiço dos discípulos, a vida de Menahem é similar à de Jesus, embora os ensinamentos de ambos contrastem. Knohl supõe que Jesus sabia dessa história e que Menahem pode ter sido o autor do texto de um dos pergaminhos em que alguém se autoproclama o messias. A pessoa fala de si mesma num tom altivo: nos "céus de um trono de potência", por entre uma "assembleia de anjos" e pergunta de forma audaz: "Quem entre os anjos é como eu?". Essa pergunta nos leva a Jesus que diz em Lucas 7, 26-28: "Mas que saístes a ver? Um profeta? Sim, vos digo, e muito mais do que profeta. Este é aquele de quem está escrito: Eis que envio o meu anjo diante da tua face, o qual preparará diante de ti o teu caminho. E eu vos digo que, entre os nascidos de mulheres, não há maior profeta do que João o Batista; o menor no reino de Deus é maior do que ele". O anjo do pergaminho seria João Batista? Embora primo de Jesus e focado na retidão, ele tinha uma personalidade altiva.

JOÃO BATISTA ERA O MESSIAS ESSÊNIO?

Supõe-se que João Batista nasceu por volta do ano 7 a.C. Era filho único e perdeu o pai aos 18 anos. A mãe Isabel ficou sua dependente e eles se mudam de Judá para Hebrom (deserto da Judeia) onde João inicia uma vida de pastor juntando-se às dezenas de grupos da região que conviviam com os nazaritas de En-Gedi (Engedi). Outra fonte diz que fora adotado pelos essênios (hábito comum da seita, segundo Josefo), mas João Batista não bebia vinho, não raspava a cabeça, não tocava cadáveres nem ia a funerais. Estava mais para nazarita (nazireu) do que essênio. Além do mais, não partilhava da mesma visão dos essênios de renegar o mundo e focava sua missão em ensinar a "todo o Israel". Praticava a tevilá (em grego baptisma = imersão) como um ato de perdão, distintamente da "purificação" dos essênios e dos judeus que o chamavam de Hammatvil = aquele que batiza = Batista. O tevilá (tevilah) é um ritual em que se banha num micvê (mikveh) para se purificar. Outro ritual judeu é o netilat yadayim em que se lavam as mãos com um copo. Por sua vez, João batizava no rio. Édouard Schuré em A Evolução Divina da Esfinge ao Cristo (IBRASA, 2008), diz: "Agrupavam-se em volta dele como uma onda, uma multidão heterogênea composta de todos os elementos da sociedade daquela época, atraída por sua poderosa palavra. Havia ali fariseus hostis, samaritanos entusiastas, cândidos cobradores, soldados de Herodes, barbudos pastores com seus rebanhos de cabras, árabes com seus camelos e ainda cortesãs gregas de Séforis atraídas pela curiosidade, em suntuosas liteiras com séquitos de escravas [...] Todos acudiam com sentimentos diversos para escutar a voz que repercutia no deserto. Batizava os que queriam, porém isso não era considerado como uma distração".

"Sob a imperiosa palavra e sob a mão rude de Batista, ficavam submersos durante alguns segundos nas águas do rio; e saíam purificados de toda mancha e como que transfigurados. Porém, quão duros momentos passavam! Durante

Cápitulo III – Os Manuscritos

as prolongadas imersões, corriam o risco de perecerem afogados. A maior parte acreditava morrer e perdia a consciência. Dizia-se que alguns tinham morrido. Porém isso não fez mais do que interessar o povo na perigosa cerimônia".

MOMENTO CÓSMICO

João seguia sua missão de "batista" e de arauto do messias como se confirma em Mateus 3, 11: "E eu, em verdade, vos batizo com água, para o arrependimento; mas aquele que vem após mim é mais poderoso do que eu; cujas alparcas não sou digno de levar; ele vos batizará com o Espírito Santo, e com fogo". Então apareceu diante dele Jesus de Nazaré para ser batizado. As pessoas se surpreenderam quando João disse ao galileu: "Eu é que devo ser batizado por ti" (Mateus 3, 14).

Eles não se conheciam, como está registrado em João 1, 33: "E eu não o conhecia, mas o que me mandou a batizar com água, esse me disse: Sobre aquele que vires descer o Espírito, e sobre ele repousar, esse é o que batiza com o Espírito Santo". Embora Maria, mãe de Jesus, fosse prima de Isabel, mãe de João, e eles tivessem idade compatível, é provável que não se conhecessem mesmo, pois Jesus sumiu aos 13 anos e João mudara para Hebrom aos 18 anos. Vejamos em Lucas 1, 36-41: "E eis que também Isabel, tua prima, concebeu um filho em sua velhice; e é este o sexto mês para aquela que era chamada estéril. Porque para Deus nada é impossível. Disse então Maria: Eis aqui a serva do Senhor; cumpra-se em mim segundo a tua palavra. E o anjo ausentou-se dela. E, naqueles dias, levantando-se Maria, foi apressada às montanhas, a uma cidade de Judá, e entrou em casa de Zacarias, e saudou a Isabel. E aconteceu que, ao ouvir Isabel a saudação de Maria, a criancinha saltou no seu ventre; e Isabel foi cheia do Espírito Santo". Por volta de 26 d.C. João continuava pregando no Jordão imbuído de que era o arauto do messias. Mas seus dias de pregação já estavam no fim. Num discurso público, João repreendeu Herodes por ter relações ilegais com Herodíades (mulher de Filipe, seu irmão e rei da Itureia). O tetrarca irritou-se, mandou prendê-lo e depois decapitá-lo em 27 d.C.

Na região sul do Iraque e do Irã, os mandeans, que mantêm uma tradição semelhante à essênia, afirmam serem seguidores de João Batista e praticam o batismo.

O Que Podemos Aprender Com Os Essênios

MENAHEN, O ESSÊNIO, ERA O MESSIAS?

Também chamado Manaen ou Menachen, sua história vem de várias fontes como os pergaminhos, Flávio Josefo, a Mishná, e o Talmude. Nos pergaminhos há uma parte em que esse estranho messias essênio instruía os membros da seita a serem diplomáticos na espera do seu dia. O trecho chama-se "Manual de Disciplina de Qumran". Talvez esse essênio seja o Menahen citado por Flávio Josefo em Antiguidades Judaicas. Ele conta que Menahem ou Manaemus (na forma grega) era amigo do rei Herodes: "Um essênio de nome Menahem, que levava vida mui virtuosa e era louvado por todos e tinha recebido de Deus o dom de predizer as coisas futuras, vendo Herodes, ainda bastante jovem estudar com crianças de sua idade, disse-lhe que reinaria sobre os judeus. Herodes julgou que ele não o conhecia ou que estava zombando dele; e por isso respondeu-lhe que se via bem que ele desconhecia sua origem e seu nascimento, que não eram tão ilustres para fazê-lo esperar tal honra. Menahem retrucou-lhe sorrindo e dando-lhe uma batidinha nas costas: Eu vo-lo disse e vo-lo digo ainda, que sereis rei e reinareis felizmente, porque Deus o quer assim. Lembrai-vos então desta batidinha que vos acabo de dar, para indicar-lhe as diversas mudanças da sorte, e nunca esqueça que um rei deve ter continuamente diante dos olhos a devoção que Deus lhe pede, a justiça que deve ministrar a todos, e o amor que ele é obrigado a ter por seus súditos". Josefo continua: "Quando Herodes tornou-se rei com a ajuda de Roma, continuou amigo de Menahem. Herodes respeitava os essênios e os recebia frequentemente. Menahem ficava numa situação delicada, pois os essênios odiavam os romanos devido a sua opressão, mas ele se safava sendo diplomático".

Aqui temos uma incoerência de Josefo, pois num de seus relatos ele afirma que os essênios eram "proibidos de expressar raiva"

COMEÇAM AS POLÊMICAS

Nessa linha hipotética, o estudioso judeu italiano Azariah ben Moses dei Rossi sugere que o Menahen essênio e Jesus eram a mesma pessoa. Segundo fontes rabínicas, esse Menahem era membro da corte do rei Herodes, o que confere com Flávio Josefo, mas não confere com os Evangelhos Sagrados

Cápitulo III - Os Manuscritos

quanto a ser Jesus. O acadêmico cristão Michael Wise, professor nos EUA e autor do livro The First Messiah (1999), diz que o messias dos pergaminhos se chamava Judah e morreu de forma violenta por volta de 72 a.C. Ele fala de Menachem Judah, filho ou neto do zelote Judas da Galileia (que anunciou um reino messiânico em 6 a.C. e morreu logo após). Quando o procônsul romano Gessius Florus roubou ouro do Templo de Jerusalém em 66 d.C. e enviou a Nero, gerou uma rebelião dos zelotes. Menachen Judah atacou Massada com seu grupo, tomou as armas ali deixadas e partiu para Jerusalém onde derrotou Herodes Agripa II e o expulsou da cidade. Com o sucesso, clama a liderança como messias cutucando o sacerdote Eleazar ben Simon, outro líder zelote. Donizete Scardelai em Movimentos messiânicos no tempo de Jesus: Jesus e outros messias (Paulus, 1998) cita Josefo: "...o assassínio do sumo sacerdote Ananias inflamou e brutalizou Menahem a tal ponto que sua convicção o levou a acreditar que estava sem rivais, tornando-se um tirano intolerável[...] Assim, eles combinaram e maquinaram planos para atacá-lo quando estivesse no templo, para onde teria subido com o intuito de fazer suas devoções vestido de manto real, ao mesmo tempo em que era seguido por um séquito de fanáticos armados". Quem "combinou e maquinou" foi o grupo de Eleazar que atacou o de Menachem e, com a ajuda do povo, matou o falso messias e seus seguidores. Seria o mesmo Menahem ben Ezequias? Citado no Midrash do cântico dos cânticos consta que o estudioso Menachem teve uma discussão com o sábio Hilel, líder dos fariseus e que os sábios excomungaram Menachem. Hilel viveu em Jerusalém de 30 a.C. a 10 d.C. ou 20 d.C. segundo outras fontes. O Talmude de Jerusalém cita que após a morte do rei Herodes em 4 a.C. houve uma grande revolta e turbulência política. Nessa época, um Menahem foi excomungado. O Talmude reprova a ação de Menahem, dizendo que saiu da boa linha. Esse Manahen seria Judas da Galileia e bate com a hipótese de Israel Knohl no livro O Messias Antes de Jesus.

BANUS, O ESSÊNIO, ERA JESUS?

Josefo revela em sua obra A Vida de Flavio Josefo que aos 16 anos quis conhecer as doutrinas dos saduceus, dos fariseus e dos essênios para poder escolher qual era a melhor. Passou três anos visitando a comunidade de Qumran e conversando com um essênio chamado Banus que vivia de vegetais e frutas e se banhava muitas vezes ao dia para se purificar. Um manuscrito encontrado em 1785 pelo filósofo, historiador, orientalista e político, Constantin François de Chassebœuf, conde de Volney, em suas viagens ao Egito e à Síria, traz diálogos entre Josefo e Banus. Segue um interessante trecho:

Josefo: Explique como os valores sociais provêm da lei natural e cósmica. Como a caridade ou o amor ao próximo pode ser a regra e a aplicação disto?

Banus: Por causa da igualdade e reciprocidade, pois ao prejudicar o outro nós damos a ele o direito de nos prejudicar também; assim, ao prejudicar a vida do nosso próximo, colocamos em risco nossa própria vida sob o efeito da reciprocidade; por outro lado, fazendo o bem aos outros, temos a oportunidade e o direito de esperar um retorno equivalente; assim é a natureza de todos os valores sociais, muito úteis a quem as pratica, pelo direito de reciprocidade que os beneficia.

Josefo: Então, caridade nada mais é do que justiça?

Banus: Sim, é só justiça; com a pequena diferença de que na justiça equivale a dizer: "não faça ao outro o que não deseja que façam a você"; e na caridade ou amor ao próximo equivale a dizer: "Faça ao outro o bem que você desejaria receber deles".

Josefo: Devemos perdoar as ofensas?

Banus: Sim, quando o perdão implica preservação da vida.

Interessante diálogo. Alguns estudiosos alegam que Banus fora Jesus, mas há uma diferença entre eles. Banus pregava o desapego aos bens materiais (sendo essênio, rejeitava a riqueza), enquanto Jesus via a riqueza como geradora de bem-estar geral e rejeitava apenas o apego a ela. Outra coisa: Josefo nasceu em 37 d.C. e aos 16 anos visitava os essênios, ou seja: em 53 d.C. quando Jesus já havia ressuscitado e ascendido aos Céus. Ou se retirado para Qumran?

JESUS, O CRISTO

A Judeia era uma província romana. Aristocratas e sacerdotes judeus aceitavam a dominação estrangeira, uns por obter vantagens comerciais e outros pelo monopólio da religião. Há tempos se esperava a vinda do messias. Os es-

Cápitulo III - Os Manuscritos

sênios fixados em Qumran alegavam que o momento estava próximo. Durante o governo do romano Otávio, Jesus nasceu em Belém (entre 2 e 7 a.C.). Por volta de 26 d.C., começou a pregar na Galileia sendo aclamado por alguns como o messias. Aos 30 anos foi batizado por João Batista no Rio Jordão e começa sua pregação arrebanhando multidões e combatendo os fariseus. Uma vez que se autointitulou o Enviado de Deus, as autoridades religiosas judaicas não puderam aceitar que um homem simples que pregava aos humildes pudesse ser o messias esperado. Tacham-no de dissidente, enquadram-no na lei religiosa e o condenam à morte. Afinal, não esperavam um messias "tolerante" que suportava ultrajes e se dispunha a morrer pelos pecados do mundo. Esperavam um messias "severo" contra os opressores. A princípio, os romanos não queriam se envolver nas questões religiosas, mas Jesus chegou a eles como rebelde político, e assim foi condenado à crucificação.

JESUS, O MESSIAS, ERA ESSÊNIO?

Se Jesus não era saduceu nem fariseu, então era essênio? Segundo Édouard Schuré em A Evolução Divina da Esfinge ao Cristo (IBRASA, 2008): "Compreende-se porque os essênios escolheram para retiro o mais longínquo extremo do lago, o qual a Bíblia chama 'Mar Solitário'. En-Gedi é um terraço semicircular situado ao pé de uma escarpa de trezentos metros sobre a costa ocidental da Asfáltida, junto aos montes de Judá. No primeiro século da nossa era, viam-se as moradas dos terapeutas construídas com terra seca. Em um estreito barranco, eles cultivavam o gergelim, o trigo e a videira. A maior parte das suas existências se passava entre a leitura e a meditação. Ali foi iniciado Jesus na tradição profética de Israel em consonância com os Magos da Babilônia e de Hermes, sobre o Verbo Solar. Dia e noite o predestinado essênio lia a história de Moisés e dos profetas, porém só através da meditação e da iluminação interior enaltecida neles obteve a consciência de sua missão".

O fato de os Evangelhos não mencionarem os essênios nem citarem por onde Jesus andou entre os 13 e 30 anos, leva alguns estudiosos, como o historiador judeu polonês Christian Ginsburg, a crer que Jesus "estagiou" na comunidade Qumran. Muito embora Jesus formasse grupos de 12, vestisse branco; curasse pela imposição de mãos; falasse por parábolas; fosse celibatário (há dúvida nessa questão), fosse vidente e aceitasse o batismo[...] ele comia eventualmente ovos, tomava vinho, curava aos sábados, deixava os discípulos comerem aos sábados, deixou Maria Madalena untá-lo com óleo e não vivia recluso no deserto — andava e falava com todos por toda parte. Os essênios não partilhavam da Hanukkah por considerarem-na ilegal, mas parece que Jesus sim. Em João 10, 22-26 temos:

"E em Jerusalém havia a festa da dedicação (Hanukkah), e era inverno. E Jesus andava passeando no templo, no alpendre de Salomão. Rodearam-no, pois, os judeus, e disseram-lhe: Até quando terás a nossa alma suspensa? Se tu és o Cristo, dize-no-lo abertamente. Respondeu-lhes Jesus: Já vo-lo tenho dito, e não o credes. As obras que eu faço, em nome de meu Pai, essas testificam de mim. Mas vós não credes porque não sois das minhas ovelhas, como já vo-lo tenho dito". Jesus também esteve na Festa dos Tabernáculos. Em João 7, 2-10 temos: "E depois disto Jesus andava pela Galileia, e já não queria andar pela Judeia, pois os judeus procuravam matá-lo. E estava próxima a festa dos judeus, a dos tabernáculos. Disseram-lhe, pois, seus irmãos: Sai daqui, e vai para a Judeia, para que também os teus discípulos vejam as obras que fazes. Porque não há ninguém que procure ser conhecido que faça coisa alguma em oculto. Se fazes estas coisas, manifesta-te ao mundo. Porque nem mesmo seus irmãos criam nele. Disse-lhes, pois, Jesus: Ainda não é chegado o meu tempo, mas o vosso tempo sempre está pronto. O mundo não vos pode odiar, mas ele me odeia a mim, porquanto dele testifico que as suas obras são más. Subi vós a esta festa; eu não subo ainda a esta festa, porque ainda o meu tempo não está cumprido. E, havendo-lhes dito isto, ficou na Galileia. Mas, quando seus irmãos já tinham subido à festa, então subiu ele também, não manifestamente, mas como em oculto."

EU SOU O CAMINHO E A VIDA!

Os essênios seguiam as leis mosaicas escritas. Jesus não se fiava em nada escrito, como disse no Evangelho Essênio da Paz a um grupo: "Não busqueis a lei em vossas escrituras, porque a Lei é a vida, enquanto o escrito está morto. Em verdade vos digo que Moisés não recebeu de Deus suas leis por escrito, senão através da Palavra Viva. A Lei é a Palavra Viva do Deus Vivo dada aos profetas vivos para os homens vivos. E onde quer que haja vida, está escrita a lei". O nome de Jesus não está escrito nos Pergaminhos do Mar Morto, nem ele deixou nada escrito, mas seus ensinamentos se alastraram como cristianismo e no final do século 1º foi reconhecido interna e externamente como uma religião separada do judaísmo rabínico. Grabriele Boccaccini, professor de Novo Testamento e Judaísmo do Segundo Templo, na Universidade de Michigan (EUA), não concorda com isso. Em seu livro Além da Hipótese Essênia – a Separação entre Qumran e o judaísmo Enóquino, ele diz que a tradição sadoquita, após várias transformações, desemboca no rabinismo dos anos que se seguem à destruição de Jerusalém em 70; enquanto que o judaísmo enóquico serve de matriz para o movimento essênio, incluindo Qumran e o cristianismo primitivo. Assim, o cristianismo deixa de ser uma nova religião, distinta do judaísmo, e passa a ser um de seus legítimos ramos.

OS EXCÊNTRICOS ESSÊNIOS?

A primeira referência sobre os essênios foi feita pelo escritor Gaius Plinius Secundus (23—79 d.C.), mais conhecido por Plínio, o Velho, um naturalista romano. Ele escreve em sua História Natural algumas linhas sobre os essênios revelando que não se casavam, não possuíam dinheiro, e existiam há milhares de gerações. Ao contrário de Fílon, que não cita outra localização geográfica dos essênios que não a terra de Israel, Plínio os coloca em En-Gedi, próximo ao Mar Morto.

Posteriormente Josefo fez uma narrativa detalhada sobre os essênios na sua obra A Guerra dos Judeus (75 d.C.) e um relato mais breve em Antiguidades dos Judeus (94 d.C.) e também detalhou sua vida (entre 94-99 d.C.) em sua obra A Vida de Flavius Josephus, alegando deter conhecimento exclusivo, ele põe os essênios numa lista de três seitas de filosofia judaica junto com os fariseus e os saduceus. Diz também que "são praticantes da compaixão (devoção), do celibato, não acumulam bens pessoais, não se interessam por dinheiro, creem no comunalismo e estão compromissados com a estrita observância do sábado". Tanto que preparavam a comida antes de sábado para não acender o fogo nesse dia, nem mover qualquer objeto. Josefo ainda acrescenta que os essênios praticavam o ritual de imersão a cada manhã (banho), comiam juntos após a oração, dedicavam-se à caridade, proibiam expressar raiva, estudavam os livros antigos, preservavam segredos, e eram muito atentos ao nome dos anjos contidos nos textos sagrados.

Em Guerras Judaicas, Josefo cita que os essênios adotavam crianças de estranhos na comunidade, pois eram ainda maleáveis o bastante para aprender seus princípios de caráter, e as consideravam como parte da família. Na verdade eram retiradas do meio corrompido pelo poder e pela usurpação do sumo sacerdócio (Jerusalém) e, por serem ainda muito novas, não corriam o risco de trazer consigo os males da sociedade judaica para dentro da comunidade dos essênios.

COMPREENDENDO O SIGNIFICADO DO NOME

O nome essênio vem do termo sírio asaya, e do aramaico essaya ou essenoí que significam médico, e chega a nós pelo latim esseni, tal como Plínio os apresenta em sua História Natural. A ligação com a medicina mostra que exerciam um poder sobre os demônios – ação muito comum na medicina da época. Flávio Josefo usa o nome "essênios" em seus dois principais relatos: Guerras Judaicas, Antiguidades Judaicas e alguns contextos como: "um relato dos essênios"; "a porta dos essênios"; "Judas da raça essênia", e outros textos como: "mantendo a honra essênia"; "um essênio chamado Manaemus". Por sua vez, Fílon de Alexandria usa o nome essaioi, embora admita que a etimologia dessa forma grega possa significar "santidade" para ser mais ou menos exato Gabriele Boccaccini, autor de Além da hipótese Essênia – a separação entre Qumran e o judaísmo Enóquino (Paulus, 2010), entende que uma etimologia convincente para o nome essênio não foi encontrada ainda, mas o termo se aplica a um grupo maior dentro da Palestina que também incluía a comunidade de Qumran. Foi proposto antes de acharem os Manuscritos do Mar Morto que o nome entrou na grafia grega vindo de uma autodefinição hebraica depois encontrada em alguns textos de Qumran: osey HaTorah = "observadores da Torá". Apesar de dezenas de sugestões etimológicas publicadas, esta é a única publicada antes de 1947 e confirmada pelos Pergaminhos, e que está tendo aceitação entre estudiosos como James C. VanderKam em Identity

Cápitulo III - Os Manuscritos

and History of the Community e Peter W. Flint em The Dead Sea Scrolls after Fifty Years: A Comprehensive Assessment (1999). Antes de 1947, temos o livro de Isaak Jost: Die Essaer (1839). A etimologia da forma ossaioi (Fílon também mostra ortografia com o) e a variação esseni foram discutidas por VanderKam, Goranson e outros. Em hebraico medieval a palavra hassidim (piedosos) substitui a essênios. Embora esse nome hebraico não seja a etimologia de essaioi/esseni, o equivalente aramaico hesi'im foi sugerido por Joseph Barber Lightfoot em On Some Points Connected with the Essenes (1875). Outros creem que a palavra essênio é uma transliteração do hebraico chitzonim (chitzon = fora) que a Mishná (em Megila 4, 8) usa para descrever vários grupos sectários.

ONDE E QUANDO SE FIXARAM OS ESSÊNIOS?

Qumran é um local inóspito, miserável, sulfuroso e estéril que fica a 400 metros abaixo do nível do mar. Apesar das chuvas raras, o local foi amplamente povoado pelos excêntricos essênios. A existência dessa seita data de 150 a.C. até 70 d.C. Segundo as escavações arqueológicas no vale de Khirbet Qumran, junto às encostas do Mar Morto, os essênios se fixaram sobre as ruínas da "Cidade do Sal" que fora construída por Josafá (871-848 a.C.) ou Ozias (767-739 a.C.). Em Josué 15, 62 temos: "E Nibsã, e a Cidade do Sal, e En-Gedi; seis cidades e as suas aldeias". Os arqueólogos modernos apontam esse local como assentamento dos essênios, talvez para dar credibilidade aos Manuscritos do Mar Morto como produto deles. Mas Josefo fala em "Portão dos Essênios" sobre "o mais antigo" dos três muros de Jerusalém, na área do Monte Sião, o que sugere ter havido uma comunidade essênia vivendo neste quarteirão da cidade ou se reunindo regularmente nos arredores de templo.

Seja como for, o grupo abandonou a cidade e foi para Qumran onde se fixou para viver sua vida dura e pura conforme acreditavam. Josefo cita em Guerras Judaicas, que os essênios se fixaram "não em uma cidade", mas "em grande número em cada cidade". Fílon em Quod Omnis Probus Liber fala de "mais de quatro mil" essaioi vivos na "Palestina e na Síria", e em Hypothetica confirma que estavam "em muitas cidades da Judeia e em muitas aldeias e agrupados em grandes sociedades de muitos membros". Com o tempo, o grupo fixado perto da costa noroeste do Mar Morto foi aumentando. Durante o reinado de João Hircano I (134-104 a.C.), ele se alia aos saduceus deixando os fariseus em segundo plano. Em seguida, muitos fariseus descontentes se refugiam entre os essênios de Qumran. A arqueologia mostra que a ocupação de Qumran foi também intensa entre 103-76 a.C., durante o reinado de Aristóbulo I e Jannaeus Alexander.

Conforme A. G. Lamadrid em Los descubrimientos del mar Muerto: "na realidade, os essênios de Qumran e os fariseus descendiam do mesmo tronco comum dos assideus. A presença de elementos fariseus na comunidade de Qumran explica a tendência legalista encontrada em certos textos de sua literatura". Vale lembrar que os assideus ou hassidim (os piedosos) eram contra os helenistas no tempo dos macabeus, como visto em Seitas Judaicas no capítulo 2.

A FASE FINAL

A partir do ano 31 a.C., Qumran foi abandonada. Um terremoto devastou a região e os arqueólogos encontraram sinais disso nas ruínas da comunidade. Mas alguns estudiosos creem que a causa da saída dos essênios pode ter sido uma perseguição de Herodes, o Grande, porém isso é estranho, pois o rei era amigo de Menahen, o essênio, e simpático à seita, como afirma Josefo. Os dados arqueológicos revelam que houve um segundo período de ocupação de Qumran pelos essênios durante o reinado de Arquelau (4 a.C. - 6 d.C.) que terminou em junho de 68 d.C. quando tropas romanas destruíram Qumran. Foram achadas flechas nas ruínas e cinzas de um grande incêndio que arrasou a comunidade. É nesta época que os essênios escondem os manuscritos nas grutas. A. G. Lamadrid em Los descubrimientos del mar Muerto sugere que os essênios teriam se convertido ao cristianismo dando origem às seitas judaico-cristãs que viveram na Transjordânia; ou formaram grupos gnósticos dentro do judaísmo, pois no século 2º d.C. seitas gnósticas judaicas começam a aparecer e suas práticas eram similares às dos essênios.

AS RÍGIDAS REGRAS ESSÊNIAS

Os essênios levavam uma vida comunal sob algumas normas:

Cápitulo III – Os Manuscritos

Abrir mão da propriedade privada;
Ser vegetariano;
Vestir-se de branco;
Ser celibatário;
Tomar banho antes das refeições;
Formar grupos de 12, cujo líder era o Mestre da Justiça;
Acreditar em curas pela mão (imposição de mãos);
Fazer curas com ervas medicinais e aplicação de argila;
Aplicar as regras de purificação ao alimento;
Batizar os iniciados nas águas;
Guardar o nome de Deus (YHWH), que pronunciaram Adonai;
Não se deixar macular com azeite (óleo);
Não sacrificar animais para expiação de pecados;
Eleger um líder para cuidar dos interesses do grupo
Obedecer às ordens do líder sempre.

Havia outras regras como as mulheres serem iguais aos homens na sociedade e poderem ser Mestras da justiça, como se acredita ter sido Maria Madalena. Ninguém podia demonstrar raiva e eram proibidos de jurar, pois se alguém tivesse de jurar por Deus para obter crédito, então já estava condenado. Mestre da Justiça é um termo que aparece nos Manuscritos do Mar Morto como referência a alguém notável da comunidade em Qumran que, segundo os textos, fora perseguido e morto por um sacerdote sacrílego, talvez Jônatas Macabeu (161-142 a.C.) que foi sumo sacerdote sem ter "sangue" para isso em 152 a.C.; ou João Hircano I (135-104 a.C.) que se aliou aos saduceus e usurpou o sumo sacerdócio do mestre da justiça.

A QUESTÃO DO CASAMENTO

Os essênios parecem ter sido celibatários, mas Josefo fala de outra "ordem de essênios" que seguiam as mesmas normas, mas diferiam quanto ao casamento: acreditavam que quem não se casava perdia a parte mais importante da vida: a procriação! Sim, se todos tivessem a mesma ideia, a raça humana acabaria. Segundo a crença, as mulheres passavam por um teste de três anos e se provassem que podiam parir, então haveria união. Enquanto grávidas, os homens não tinham relações com elas, mostrando que casavam para ter filhos e não por prazer.

COSTUMES EXÓTICOS

Vestiam-se de forma simples e seu comportamento físico era como o de crianças assustadas. Não tinham escravos; cada um servia ao outro. Como a propriedade era comunal, não se envolviam em negociações. Josefo nos revela que os essênios acordavam antes do nascer do Sol. Ficavam em silêncio — ou orando para o Sol surgir — até o mestre distribuir-lhes as tarefas de acordo com a aptidão de cada um. Trabalhavam por cinco horas em cultivo de vegetais ou estudo das escrituras. Terminadas as tarefas, banhavam-se em água fria e vestiam túnicas brancas.

Outro costume narrado por Josefo é a relação de devoção que eles tinham com o solo. Além de plantar ervas com propriedades medicinais, cavavam um buraco de 30 centímetros de profundidade num lugar isolado dentro do qual se deitavam para relaxar e meditar. Aliás, dedicavam bastante tempo à leitura. Josefo conta que estudavam com afinco as Escrituras e revela que alguns essênios eram capazes de predizer o futuro através da leitura dos livros sagrados, pois aprenderam vários ensinamentos dos profetas. Raramente erravam suas previsões. Fílon se refere ao método de estudo em grupo e afirma que um membro lia uma passagem em voz alta para os outros e um irmão mais experiente ia explicando o significado. Claro que a Torá escrita e seu estudo era à base da vida comum deles e a inspiração de seu movimento. Sua perspectiva religiosa era similar à dos fariseus, porém parecia bem mais rígida do que a deles na interpretação de alguns aspectos da Torá.

Expulsavam do grupo quem cometesse delito grave. O renegado, devido ao juramento e os costumes, não podia receber alimento de pessoas de fora da seita. Assim, acabavam morrendo de fome, mas eles se compadeciam e os recolhiam novamente, pois acreditavam que estar perto da morte era uma punição suficiente para seus pecados. Aqui a benevolência contrairia as severas questões judiciais, às quais reuniam pelo menos cem para julgar um e a decisão era irrevogável. Ao chegar um irmão da seita de outro lugar, ficava na casa de alguém como se

Cápitulo III - Os Manuscritos

fosse da família e ofereciam seus bens para que usasse como se fosses seus mesmo. Ao irem à outra cidade, não carregavam nada, só armas para se defender dos bandidos, pois seriam recebidos do mesmo modo. Cada núcleo nomeava um camareiro especial para cuidar dos visitantes quanto às vestimentas e outras amenidades. Não trocavam de roupa ou sapatos até estarem totalmente gastos pelo uso. Não vendiam ou compravam coisa alguma, mas cada um dava ao outro e recebia o que precisava.

REFEIÇÕES SILENCIOSAS

As refeições eram frugais: legumes, azeitonas, figos, tâmaras e um tipo rústico de pão quase sem fermento. Tinham pomares e hortos irrigados pela água da chuva, que era recolhida em grandes cisternas e também consumida. Eles bebiam suco de frutas e "vinho novo", um suco de uva levemente fermentado. Faziam as refeições em silêncio, como se estivessem num local sagrado. O padeiro servia um pão para cada um e o cozinheiro lhes dava um só prato com um só alimento. Antes de comer, o sacerdote fazia uma oração e só depois era permitido comer. No final da refeição, uma nova oração era feita, como se Deus honrasse o começo e o final como um dispensador de vida. Depois tiravam a túnica branca sagrada e retornavam ao trabalho até o pôr do sol. Então tomavam outro banho e jantavam com a mesma cerimônia. Se houvesse convidados, juntavam-se ao grupo.

HIGIENE EXÓTICA

Eram singulares. Não evacuavam no sábado nem faziam necessidades dentro dos muros da cidade, preferindo ir às colinas ou atrás de um monte de pedras. Tal costume gerou problemas, pois ao contrário dos beduínos da área, que deixavam seus dejetos a descoberto para secar no deserto, os essênios os enterraram nas colinas. Assim, os parasitas das fezes viviam mais tempo e com as chuvas eram levados para baixo alojando-se nas banheiras rituais. Uma recente pesquisa revela que essa deve ter sido a causa das doenças e vida curta dos essênios devido aos seus banhos rituais frequentes, contrariando a afirmação de vida longa e saudável (100 anos) citada por Josefo.

O Que Podemos Aprender Com Os Essênios

RITUAIS E COMPROMISSOS

Havia os rituais de purificação pela água captada da chuva e armazenada. Tomavam banhos toda hora. Segundo os arqueólogos, Qumran tem mais banheiras por metro quadrado do que um hotel. Tal ritual de purificação era uma prática comum entre os povos da Palestina neste período e, portanto, não era específico dos essênios. Banheiras rituais são encontradas perto de muitas sinagogas do período. Após um período de três anos de experiência, os neófitos faziam um juramento de compromisso de devoção (fidelidade) à Divindade e de justiça para com a Humanidade; manter um estilo de vida puro; abster-se de atividades criminosas e imorais; transmitir as regras de forma incorrupta, preservar os livros dos essênios e os nomes dos anjos. Caso exercesse um cargo, o essênio se comprometia em não ser insolente nem fazer-se sobressair ante seus subordinados na forma de se vestir ou qualquer outro modo de superioridade. Uma alusão crítica ao comportamento dos fariseus?

TEOLOGIA PARTICULAR

Eles se proclamavam "a nova aliança" de Deus com Israel, termo que aparece no Novo Testamento e em parte das práticas judaicas essênias. Acreditavam que o Sol era símbolo da iluminação interior e os astros tinham um sentido divino. Relacionavam o bem com a luz e o mal com as trevas, por isso se proclamavam "Filhos da Luz" e seus contrários "Filhos das Trevas". O messias era o Príncipe da Luz e Satã, o Anjo das Trevas. A batalha entre a luz e as trevas assemelha-se ao espírito x matéria. Todos tinham em si a chama divina, mas aprisionada no corpo não podia ligar-se à fonte, portanto os homens seriam aniquilados e só se salvariam os que tivessem o Conhecimento de Deus revelado. A concepção teológica incluía a imortalidade da alma. Para eles o corpo era perecível, enquanto a alma era imortal, pois vinha do éter mais sutil, atraída por um encanto natural, e acabava ficando presa ao corpo. Desatar-se dos laços da carne era como se libertar de uma longa escravidão, e seguiam felizes às alturas. Acreditavam, como os gregos (resquícios do helenismo?), que as almas boas iam para um lugar além do oceano (Ilhas de Best?), onde não há chuva, nem neve, nem calor, mas sim uma suave brisa fresca que sopra do oceano. Porém, as almas más iam para uma gruta escura e fria para o tormento eterno. Josefo diz que acreditavam no Dia do Juízo, na queima do mundo, e nos ímpios castigados eternamente.

John P. Meier, autor de Um judeu marginal - Repensando o Jesus Histórico (Imago, 2004) considera a seita de Qumran uma ramificação dos essênios (do Templo de Jerusalém) devido às semelhanças quanto aos propósitos últimos da humanidade. Tal crença era baseada na ideia de que haveria no fim do mundo uma batalha entre os filhos da luz (qumranitas) e os filhos das trevas (resto do povo), na qual os primeiros ganhariam para ascender ao reino dos céus.

Para Meier, os essênios romperam com os judeus discordantes. O racha (separação) ocorreu durante a dinastia hasmoneia, que não tinha direito legal ao sumo sacerdócio, mas o assumiu. O Mestre da Justiça, o líder essênio, seria o sumo sacerdote saduceu.

ENTENDENDO A FILOSOFIA ESSÊNIA

Em 1923, o húngaro Edmond Szekely recebeu permissão do Vaticano para pesquisar seus arquivos secretos onde encontrou o Evangelho Essênio da Paz escrito pelo apóstolo João e que narrava passagens desconhecidas da vida de Jesus, dito líder da seita dos essênios. Eis um trecho: "Em verdade vos digo, o Homem é o Filho da Mãe Natureza, e dela o Filho do Homem recebeu seu corpo, tal como o corpo da criança recém-nascida vem do ventre de sua mãe. Em verdade vos digo, sois unos com a Mãe Natureza; ela está em vós, e vós nela. Dela nasceste nela viveis, e a ela voltareis novamente[...] Pois vosso hálito é o seu hálito; vosso sangue é o seu sangue; vossos ossos, os seus ossos; vossa carne, a sua carne; vossas entranhas, as suas entranhas, vossos olhos e ouvidos, os seus olhos e ouvidos". Szekely traduziu o manuscrito achado por Constantine Volney, em 1785, e revela um pouco da filosofia essênia por meio de Banus:

> BEM: Tudo aquilo que preserva ou produz coisas para o mundo, como "o cultivo dos campos, a fecundidade de uma mulher, e a sabedoria de um professor".

O Que Podemos Aprender Com Os Essênios

MAL: O que causa a morte, como a matança de animais. Por esse motivo, o sacrifício de bichos, mesmo que para a alimentação, é condenável.

JUSTIÇA: O homem deve ser justo porque na lei da natureza as penalidades são proporcionais às infrações. Deve ser pacífico, tolerante e caridoso com todos, "para ensinar aos homens como se tornarem melhores e mais felizes".

TEMPERANÇA: Sobriedade e moderação das paixões são virtudes, pois os vícios trazem muitos prejuízos à saúde.

CORAGEM: Ela é essencial para "rejeitar a opressão, defender a vida e a liberdade".

HIGIENE: Outra virtude essencial é a limpeza, "para renovar o ar, refrescar o sangue e abrir a mente à alegria".

PERDÃO: No caso de as leis não serem cumpridas, a penitência é simples. Aqui Banus reforça (como no diálogo com Josefo) que para se receber perdão deve-se "fazer um bem proporcional ao mal causado".

EVOLUÇÃO DENTRO DA COMUNIDADE

Os ensinamentos seguiam o método de Rituais Iniciáticos ao qual submetiam os discípulos, e conforme ganhavam conhecimento galgavam graus mais altos. Mostravam então, tanto na teoria quanto na prática, as Leis Superiores do Universo e da Vida. Havia dois estágios de iniciação e deviam ser cumpridos em três anos. O primeiro durava um ano. O neófito entregava seus bens ao fundo da comunidade e recebia as regras da irmandade, uma pá para enterrar seus dejetos, um avental para as purificações e uma túnica branca para as refeições. Ao fim deste período, ele era avalia-

Cápitulo III – Os Manuscritos

do pela comunidade. Uma vez aprovado, o neófito seguia para o segundo estágio que durava dois anos. Neste período ficava perto da comunidade e participava dos rituais de purificação, mas não das refeições comuns nem de todos os ofícios. Se passasse por esse estágio, tornava-se membro e partilhava da refeição comum. Prestava então um juramento solene no qual prometia:

> Amor a Deus;
> Justiça e misericórdia a todos os homens;
> Pureza de caráter.

Depois desse estágio havia mais oito graus até o mais alto estágio espiritual que marcavam o crescimento do aspirante:

> Pureza corporal por batismo;
> Abstenção de sexo. Grau de santidade que permite o celibato;
> Pureza interior ou espiritual;
> Banimento da raiva e malícia. Cultivar humildade e modéstia;
> Alcance do ponto culminante da santidade;
> Ornar o templo do Espírito Santo e profetizar;
> Habilitação para curar e ressuscitar os mortos;
> Posição de Elias, o precursor do messias.

Fílon, em Vida Contemplativa chama os essênios de curandeiros ou "terapeutas", palavra grega que abrange dois aspectos da arte de curar: a restauração da alma, pelos ritos a Deus, e a do corpo, pelo uso de remédios naturais e do domínio sobre os espíritos maus da doença: "Dedicavam-se à arte de curar, melhor que nas cidades vulgares onde apenas se cura o corpo; eles tratam igualmente as almas oprimidas por angústias e doenças quase intoleráveis". E acrescenta: "Era o melhor tipo de 'bondade perfeita' que já 'existiu em muitos lugares do mundo habitado'". A forma essênia dava maior ênfase ao bem-estar da alma e menos ao corpo. Segundo Fílon, cada terapeuta tinha uma cabana simples independente.

O Que Podemos Aprender Com Os Essênios

COMO RESSURGIRAM OS ESSÊNIOS?

Por séculos fora da Bíblia, os essênios vieram à tona no Ocidente pela divulgação das obras do húngaro Edmond Szekely e do reverendo inglês Gideon Ouseley. Em 1880, Ouseley achou num monastério budista, na Índia, o manuscrito Evangelho dos Doze Santos escrito em aramaico. Crê-se que fora levado para o Oriente por essênios refugiados. Essa versão revela um Jesus defensor da reencarnação, do vegetarianismo e da não matança de animais, dizendo no capítulo 21: "Vim para abolir as festas sangrentas e os sacrifícios, e se não cessais de sacrificar e comer carne e sangue dos animais, a ira de Deus não terminará de persegui-los, como também perseguiu a vossos antepassados no deserto, que se dedicaram a comer carne e que foram eliminados por epidemias e pestes". No capítulo 38 ele completa: "Em verdade vos digo que aqueles que partilham dos benefícios obtidos praticando atos contra uma das criaturas de Deus não podem ser íntegros, nem podem aqueles cujas mãos estejam manchadas de sangue, ou cujas bocas estejam contaminadas pela carne"

Quando a Szekely, após uma tradução rigorosa e detalhada do segundo volume do Evangelho Essênio da Paz, seguiu a sugestão do amigo Aldous Huxley (Admirável Mundo Novo) de tornar o texto mais literário e atrativo. O livro, publicado em 1928, foi um sucesso e proporcionou a Szekely construir em 1940 um SPA no México, o Rancho La Puerta, onde pode tratar pessoas baseado nas práticas essênias como exercícios, meditação, dieta vegetariana. A alimentação tem papel central na doutrina essênia divulgada por Szekely e Ouseley. Sendo essênio, Jesus era frugívero, ou seja: ingeria só alimentos que não causavam a morte de seres vivos, como folhas, frutos e grãos. As refeições deviam ser um momento de compaixão e comunhão com Deus. O contato com a natureza também era essencial, tanto que os neófitos tinham plantas em todos os cômodos da casa.

UMA DISCUSSÃO ACADÊMICA QUE PERDURA

A maioria dos estudiosos acredita que a comunidade de Qumran é uma ramificação dos essênios — autores dos Manuscritos do Mar Morto. Mas tal

Cápitulo III - Os Manuscritos

crença é contestada pelo judeu americano Norman Golb, professor de História e Civilização Judaica do Instituto Oriental da Universidade de Chicago. Ele diz que a investigação preliminar sobre os documentos e ruínas de Qumran (pelo Padre Roland de Vaux, da École Biblique et Archéologique française de Jérusalem) não teve método científico e foram tiradas conclusões erradas que acabaram se infiltrando no cânone acadêmico. Para Golb, a quantidade de documentos é muito extensa e inclui muitos estilos de escrita diferentes e caligrafias. As ruínas parecem ter sido uma fortaleza usada como base militar por um período muito longo de tempo - incluindo o século 1º - de modo que não poderiam ter sido habitadas pelos essênios; e mais: o grande cemitério escavado em 1870, a 50 metros a leste das ruínas de Qumran, tem mais de 1200 túmulos de mulheres e crianças. Plínio cita claramente que os essênios do Mar Morto "não tinham mulheres, renunciaram a todos os prazeres[...] e ninguém nasceu em sua raça". Outros estudiosos refutam esses argumentos, já que Josefo narra que alguns essênios permitiam o casamento. Em seu livro, Who wrote the Dead Sea Scrolls? The search for the secret of Qumran (1996), Golb afirma que os documentos provavelmente são produtos de várias bibliotecas de Jerusalém mantidos em segurança no deserto das invasões romanas.

Tim McGirk, em Scholar Claims Dead Sea Scrolls "Authors" Never Existed (2009), e Rachel Elior, em Responds to Her Critics (2009), levantam uma teoria sobre a formação dos essênios. Eles alegam que foi um movimento fundado pelo sumo sacerdote judeu — o Mestre de Justiça —, cujo ofício divino havia sido usurpado por Jônatas (de linhagem sacerdotal, mas não zadokita) tido como um homem "de mentiras" ou "falso sacerdote". Enquanto alguns seguem esta linha, outros argumentam que o Mestre da Justiça não era apenas o líder dos essênios em Qumran, mas era alguém como o Jesus original, cerca de 150 anos antes do tempo dos Evangelhos. Os cristãos São Thomas (nasrani = nazarenos) do sudoeste da Índia (costa Malabar, hoje Kerala) podem ter ligações com os essênios. Suas tradições remontam aos primórdios do século 1º o pensamento das sete igrejas que pode ter sido fixado pelo apóstolo São Tomé em sua missão em Malabar. A informação está na Manimekalai, um dos grandes poemas épicos do tamil e se refere a um povo chamado Issani. A elevada presença de DNA Cohen entre os nazarenos atuais dão maior apoio à origem integral ou parcial dos essênios entre os nazarenos Malabar. Os essênios eram muitas vezes de herança Levita ou Cohen e isso explica as alegações de "herança sacerdotal" frequente em várias famílias nazarenas da Índia.

O FIM DE QUMRAN E DOS ESSÊNIOS

Em 68 d.C., o exército romano varreu a Judeia. O ataque visava os zelotes rebeldes. Qumran não tinha contingente militar e foi logo tomada pelas experientes legiões. Em seguida, alguns essênios fugiram para a fortaleza de Massada. Ali, 960 zelotes, liderados por Eleazar ben Yair, formaram a última reduto judaico. Mas o general Flavius Silva retomara as operações militares no sul da Judeia e marcha de Jerusalém para o Mar Morto em fins de março de 73 d.C.

Flávio Josefo conta que Eleazar ben Yair, vendo-se sem saída, chamou a todos e programou uma ação coletiva: pais de família mataram esposas e filhos a fio de espada, depois, dez homens escolhidos por sorteio chacinaram seus companheiros de luta. O último soldado pôs fogo no palácio e matou-se com a própria espada. Suprimentos alimentares e água foram deixados à vista para os romanos saberem que o suicídio foi para evitar a escravidão.

Na manhã de 3 de maio, os legionários ultrapassam a muralha e encontram um silêncio total, só quebrado pelos passos de uma senhora, uma jovem e cinco crianças que se esconderam num canal subterrâneo de água. O dramático fato foi comprovado em 1965, quando arqueólogos acharam marcas dos oito acampamentos romanos e peças de cerâmica com inscrições de nomes dos zelotes usadas no dramático sorteio.

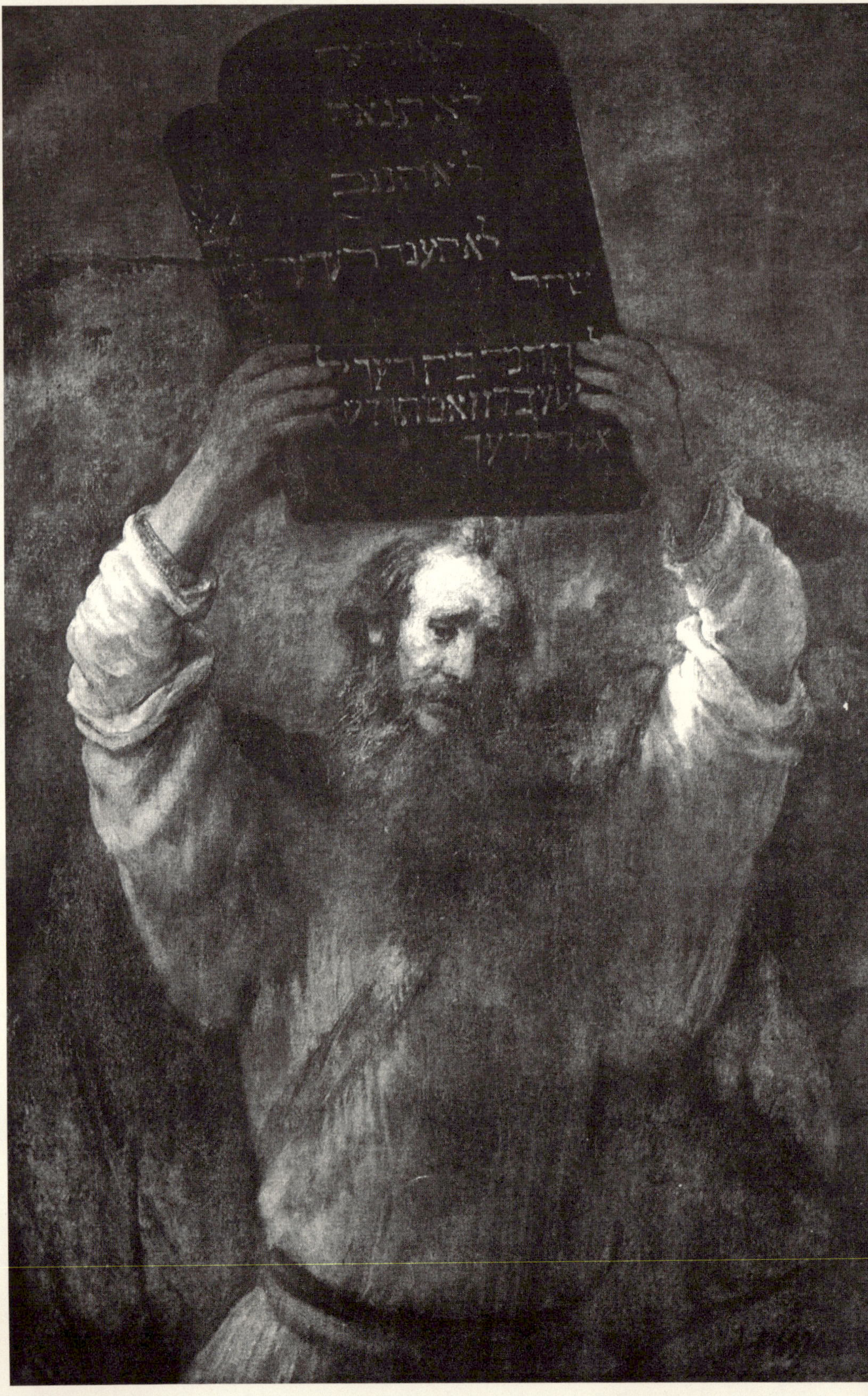

CRONOLOGIA

Período Bíblico

Cápitulo IV - Cronologia

1312 a.C. (aproximadamente)

Êxodo do Egito.
Moisés recebe as Tábuas da Lei

Moisés (1391-1271 a.C.) foi um profeta israelita da Tribo de Levi e escritor da Pentateuco Torá (segundo a tradição judaico-cristã, corresponde aos cinco primeiros livros do Antigo Testamento cristão). Segundo a Bíblia, Moisés conduziu o povo judeu em fuga do antigo Egito que começou com a famosa abertura do Mar Vermelho para poderem atravessar (e escapar dos soldados do faraó), houve também o recebimento das Tábuas da Lei de Deus com os Dez Mandamentos. O êxodo se deu pela região desértica do Monte Sinai onde Deus se revelou e lhes ofereceu uma Aliança — na qual deveriam seguir sua Lei (Torá) e em troca de ser seu Deus e lhes dar a terra de Canaã. O Livro dos Números conta como foi a tal viagem do Sinai até Canaã, mas ao chegar viram que a terra era povoada por gigantes e se recusaram a avançar. Então, Deus os condenou a ficar no deserto até que a geração saída do Egito tivesse se extinguido (purificado). Após 38 anos vivendo no oásis de Kadesh Barnea, a nova geração seguiu para as fronteiras de Canaã. O Livro do Deuteronômio narra como, diante da Terra Prometida, Moisés lhes deu as novas leis.

1150 até 1025 a.C.

Juízes bíblicos conduzem o povo.
Sansão, o superpoderoso

Um juiz bíblico é um governante ou líder militar ou alguém que presidia audiências judiciais. Após a conquista de Canaã por Josué até a formação do primeiro reino de Israel, as tribos formaram uma confederação. Nenhum governo central existiu nessa confederação e em tempos de crise a liderança era exercida pelos juízes como Sansão, um nazarita da tribo de Dã, filho de Manoá, que liderou os judeus contra os filisteus. Destacava-se pela força sobre-humana fornecida pelo Espírito do Senhor enquanto se mantivesse obediente a Ele. Rasgava um leão ao meio, lutava com um exército inteiro. Então se apaixonou por Dalila que o traiu, entregando-o aos filisteus, seu povo, depois de saber que seus cabelos eram a fonte de sua força. Eles cegaram e escravizaram Sansão que morreu aplicando vingança a seus inimigos. Pediu a Deus sua força de volta e os destruiu — sua última ação. Sansão sucedeu Abdon e foi 13° juiz de Israel, sendo sucedido por Eli.

1025 até 1007 a.C.

Saul, filho de Quis, da tribo de Benjamin, foi o primeiro soberano do Reino de Israel.

Antes de Saul, não havia a nação israelita. Segundo a Bíblia, estando o juiz Samuel já velho, as tribos uniram-se visando um rei que os guiasse como nas outras nações. Apesar da oposição de Samuel à proposta (já que Deus deveria ser o "único rei" de Israel), ele pede um sinal divino e então lhe é indicado Saul como o tal governante. Saul declara guerra aos filisteus, mas os hebreus não dominavam a metalurgia e acabaram lutando com instrumentos agrícolas. Mesmo assim, Saul e seu filho conseguem várias vitórias sobre os filisteus, e Israel passa por uma fase de paz. Mas a ameaça dos filisteus, as rusgas entre as tribos e a imaturidade de Saul levam seu governo ao fracasso. Além disso, Saul usurpa funções sacerdotais e viola as leis mosaicas quanto às guerras. Suicida-se jogando sobre a própria espada ao ver o filho Jônatas ser morto pelos filisteus em Monte Gilboa.

1010 até 970 a.C.

Rei David construtor do Primeiro Templo.

David (em hebraico: amado) foi o maior rei de Israel. Tinha vários dons como a música, poesia, salmos, e escreveu a maior obra bíblica: o

Cápitulo IV - Cronologia

Livro de Salmos. Filho de Jessé, da tribo de Judá, nasceu em Belém e se destacou na luta contra os filisteus. Sucedeu a Saul e conquistou Jerusalém, a qual fez capital do Reino Unido de Israel onde planejou construir o Primeiro Templo.

Quando da batalha entre filisteus e israelitas, um gigante chamado Golias desafiou os israelitas a enviar um homem para enfrentá-lo. Os israelitas temiam o gigante, mas David, querendo evitar essa vergonha a Deus e ao exército de Israel, decidiu aceitar o desafio. Saul ofereceu-lhe a armadura, mas ele recusou por não ser treinado nesse tipo de combate (e porque seu corpo era menor do que a armadura), preferindo usar uma funda e pedras. Nem bem começou o embate, David acertou Golias na testa com uma pedrada e o gigante caiu; em seguida corta-lhe a cabeça com sua própria espada. Tal valentia deixou David famoso entre o povo, e Saul temeu perder o poder para ele, então tentou matá-lo várias vezes. David fugiu para o deserto e se juntou a ladrões e assassinos, formando um pequeno grupo armado com o qual se defendia dos ataques de Saul e de outros grupos vizinhos. Ao morrer Saul, David liderou a tribo de Judá enquanto Isboset, filho de Saul, governava o resto de Israel. Ao morrer Isboset, David foi escolhido por Deus para governar todo Israel.

1001 até 931 a.C.

Rei Salomão.

Salomão é um personagem bíblico (citado no Livro dos Reis). Era filho de David e Betsabá (esposa do soldado Urias, o hitita). Tornou-se o terceiro rei de Israel e governou por quarenta anos. Mandou construir o Templo de Jerusalém (Templo de Salomão) erigido por Hiram Abiff, um novo Palácio Real para o sumo sacerdote, o Palácio da Filha do Faraó, a Casa de Cedro do Líbano, o Pórtico das Colunas, e as muralhas em volta de Jerusalém, bem como as torres de vigia. Salomão foi notável por sua grande sabedoria, prosperidade e riquezas abundantes, bem como um longo reinado sem guerras.

O Que Podemos Aprender Com Os Essênios

960 a.C.

Finalizado o Templo de Salomão em Jerusalém, a Arca da Aliança é colocada na sala "Santo dos Santos".

A Bíblia descreve a Arca da Aliança como aquela que guarda as tábuas dos Dez Mandamentos; a vara de Aarão; e um vaso do maná, que representavam a aliança do povo de Israel com Deus que a usava para se comunicar. A montagem da Arca (Êxodo 25, 10-16) foi orientada por Moisés por meio de instruções divinas: caixa e tampa de madeira de acácia, com dois côvados e meio de comprimento (111 cm), e um côvado e meio de largura e altura (66,6 cm). A arca era coberta de ouro por dentro e por fora. Tinha bordadura de ouro ao redor e quatro argolas de ouro nas laterais por onde passavam varas de acácia recobertas de ouro para seu transporte. Segundo se especula, desapareceu quando Nabucodonosor conquistou Jerusalém. O livro Macabeus II cita que o profeta Jeremias foi incumbido de escondê-la.

931 a.C.

Divisão dos Reinos de Israel e de Judá.

-> O Reino de Israel surge em meados do século 11 a.C. quando Saul unifica as 12 tribos, mas não havia poder central, pois cada tribo se autogovernava. Os líderes (Juízes) tinham pouca força e só obtinham apoio das tribos em caso de guerra. A união era tão frágil que as tribos guerreavam entre si. Assim, resolveram unir-se numa monarquia. O profeta Samuel designou Saul como o primeiro rei de Israel, seguido de Isboset, David e Salomão. Ainda no reinado de Salomão, Jeroboão provocara uma rebelião contra ele. Foi derrotado e fugiu para o Egito. Morto Salomão, as 10 Tribos de Israel rejeitam Roboão e aclamam Jeroboão soberano do Reino de Israel. Roboão fica como o Reino de Judá (em hebraico: Mamlekhet Yehuda) que se limitava ao norte com o Reino de Israel, a oeste com a região costeira da Filístia, ao sul com o deserto de Neguev, e a leste com o rio Jordão e o mar Morto e o Reino de Moabe. Era uma região alta, geograficamente isolada por colinas de montanhas ao oeste, o mar Morto a leste e pelo deserto de Negueve ao sul, o que não impediu atritos com os reinos de Moabe, Amom e os filisteus. Segundo a Bíblia, Judá permaneceu fiel a Jeová, enquanto Israel influenciou-se pela cultura cananeia e religião fenícia. Os reinos de Israel e Judá se enfrentaram várias vezes, um querendo conquistar o outro, até que o rei Sargão II invadiu Israel.

931 até 913 a.C.

Rei Roboão de Judá.

Roboão era filho de Salomão. Ao ser proclamado rei, foi a Siquém para ser reconhecido pelas tribos do norte (Israel), mas em Siquém, os israelitas disseram que só o aceitariam se fossem retirados os pesados tributos. Roboão rejeitou as condições e o reino foi dividido em Israel e Judá. No 6º ano de seu governo, houve a invasão do faraó Sisaque I e Roboão viu-se obrigado a pagar tributos com os tesouros do Templo de Jerusalém e do Palácio Real. Roboão teve 18 mulheres e 60 concubinas, 28 filhos e 60 filhas. Foi sucedido por seu filho Abijão (ou Abias).

931 até 910 a.C.

Rei Jeroboão de Israel.

Era filho de Nebate e Zeruá, da Tribo de Efraim. Serviu a Salomão como chefe dos trabalhadores; liderou uma revolta, mas foi vencido e fugiu para o Egito. Morto Salomão, ele volta. As 10 Tribos de Israel não aceitam Roboão e aclamam Jeroboão rei do Reino de Israel (Reino das 10 Tribos), depois Reino da Samaria. Roboão reinou sobre as tribos de Judá e Benjamim, que passou chamar-se Reino de Judá com capital em Siquém, depois Penuel. Jeroboão mandou erigir santuários com bezerros de ouro em Dã, em Betel. Foi sucedido por seu filho Nadabe.

900 a.C.

Data em que se acredita que a Torá foi escrita.

Torá (do hebraico: instrução, lei) é o nome dos cinco primeiros livros do Tanakh (Hamisha Humshei Torah) que são o texto central do judaísmo. Contém os relatos sobre a criação do mundo, origem da humanidade, pacto de Deus com Abraão e filhos, a saída dos judeus do Egito e a viagem de 40 anos até a terra prometida; assim como os mandamentos e leis recebidas por Moisés para ensinar ao povo de Israel. Embora seja chamada de Lei de Moisés, uns acreditam que ele não escreveu o texto, e que se trata de uma compilação posterior; outra facção acredita que o texto seja de Moisés mesmo.

O termo "Torá" é usado no judaísmo rabínico como conjunto da tradição judaica, incluindo a Torá escrita, a Torá oral (Talmude) e os ensinamentos rabínicos. O cristianismo baseado na tradução grega Septuaginta define a Torá como Pentateuco (cinco primeiros livros da Bíblia cristã).

890 a.C.

O profeta Elias sobe aos céus num carro de fogo.

Segundo os Livros dos Reis, Elias foi um profeta no Reino da Samaria (Reino de Israel) no governo de Acabe (filho de Omri). Esse livro conta que Elias defendeu o culto de Javé contra o culto popular a Baal; ressuscitou um morto; fez fogo cair do céu e subiu às alturas num redemoinho, montado num carro puxado a cavalos de fogo. O livro de Malaquias profetiza o retorno de Elias: "antes da vinda do grande e terrível dia do Senhor", o que faz dele um precursor do messias. O Talmude, Mishná, Novo Testamento e Corão também fazem referência a Elias. No judaísmo, seu nome é invocado no ritual Havdalah semanal que marca o final do Sabá (shabat = descanso). Elias também é invocado em outros costumes judaicos como o Sêder de Pessach (jantar cerimonial

Cápitulo IV - Cronologia

em que se recorda a história do Êxodo e a libertação do povo de Israel) e do brit milá (ritual de circuncisão). No cristianismo, o Novo Testamento descreve Jesus e João Batista comparados a Elias (ou manifestações de Elias) e como se deu a transfiguração de Jesus em que Elias aparece ao lado de Moisés. No Islã, o Corão descreve Elias como profeta e justo de Deus, e quem poderosamente pregou contra a adoração de Baal.

840 a.C.

Data do registro na Pedra Moabita.

Moabe era uma faixa de terra montanhosa que fica na atual Jordânia, ao longo da margem oriental do Mar Morto. Antes pertencia aos moabitas — povo sempre em conflito com os israelitas a oeste. A existência desse povo foi provada por descobertas arqueológicas como a Estela Mesha. A pedra descreve: como Moabe foi tomada por Omri, como resultado do desgosto do deus Kemosh; as vitórias de Mesha sobre o filho de Omri, sobre os homens da tribo de Gad e Ataroth, e em Nebo e Jehaz; a restauração das fortificações, construção de um palácio e depósitos para água; e suas guerras contra os horonaim. Omri era o comandante-chefe do exército quando Zimri assassinou o rei Elá e tornou-se rei. Isso ocorreu no 27º ano de Asa, rei de Judá. Omri foi o sexto rei de Israel Setentrional e fundador da Dinastia de Omri. Essa pedra de basalto, achada em Díbon (antiga capital do Reino de Moabe) a 4 milhas a Norte do Rio Árnon, foi comprada em Jerusalém pelo missionário alemão F. A. Klein, em 1868, e hoje está no Museu do Louvre, em Paris.

740 até 701 a.C.

Profecia de Isaías.

Isaías viveu entre 765-681 a.C. durante os reinados de Uzias, Jotão, Acaz e Ezequias. Vivenciou a destruição de Israel (Samaria) pela Assíria e à resistência de Jerusalém ao cerco de Senaqueribe com um exército de 185 mil assírios em 701 a.C. Segundo a Bíblia, Senaqueribe fracassou na tentativa e ao voltar a Nínive foi assassinado por dois de seus filhos.

Isaías exerceu seu ofício no reino de Judá e casou-se com uma profetisa. Judeus e cristãos consideram o Livro de Isaías uma parte de seu cânone bíblico. O capítulo 6 cita como Isaías tornou-se profeta ao ver o trono de Deus no templo tendo em volta serafins, e um desses seres angelicais voou até ele com brasas do altar para purificar seus lábios e pecados. Então, Isaías ouviu a voz de Deus ordenando que levasse sua mensagem ao povo.

A primeira metade da profecia de Isaías tem mensagens de punição e juízo para os pecados de Israel, Judá e das nações vizinhas, focando alguns eventos do reinado de Ezequias que vai até o final do capítulo 39.

Isaías é o profeta que mais fala sobre a vinda do messias, descrevendo-o como um servo sofredor que morreria pelos pecados da humanidade e que governará com justiça como um príncipe soberano. No capítulo 53, ele cita o martírio que aguardava o messias: "Mas ele foi ferido pelas nossas transgressões e moído pelas nossas iniquidades; o castigo que nos traz a paz estava sobre ele, e, pelas suas pisaduras, fomos sarados". (Is 53, 5)

740 até 722 a.C.

Reino de Israel cai diante do Império Assírio.

A Assíria foi um reino acádio-semita em volta da região do alto rio Tigre, ao norte da Mesopotâmia (hoje norte do Iraque), que dominou várias vezes os reinos daquela região, desde a tomada da Babilônia até sua reconquista. O nome vem de Assur (antiga capital) e também pode ser a região geográfica onde ficavam esses reinos.

Do século 20 até 15 a.C., Assur controlou a maior parte da Alta Mesopotâmia, caindo do século 15 ao 10° a.C., e reerguendo-se após uma série de conquistas. O Império Neoassírio, do início da Idade do Ferro (911-612 a.C.) expandiu-se mais, e Assurbanipal (668-627 a.C.) controlou todo

Cápitulo IV - Cronologia

o Crescente Fértil, inclusive o Egito antes de cair diante da expansão neobabilônia e depois persa. Em 729 a.C., no reinado de Teglatefalasar III (746-727 a.C.), os assírios conquistaram a Babilônia, barraram a expansão da Média no Oriente e fracassaram em tomar o reino de Urartu, no Ararat. Israel foi conquistado no primeiro ano do reinado de Sargão II (721-705 a.C.) quando 27 mil hebreus foram deportados. Em 715 a.C., conquistaram a Média e depois, a Síria.

715 até 687 a.C.

Rei Ezequias de Judá.

Ezequias foi o 13º rei de Judá a partir de 715 a.C. Começou com 25 anos e governou por 29 anos. Era um homem de muita fé. Respeitava os mandamentos da lei mosaica e encorajava o povo a desviar-se do pecado e focar em Deus. No início do reinado, reparou e purificou o templo, reintegrou os sacerdotes e levitas ao seu ofício, e restaurou a celebração da Páscoa. Combateu a idolatria em Judá proibindo cultos a deuses pagãos, e mandou destruir a serpente de bronze da época de Moisés, pois o povo estava adorando-a. Por isso, segundo a Bíblia, Deus trouxe paz ao seu reino. Ao ser atacado por Senaqueribe, rei da Assíria, Ezequias orou a Deus e salvou-se do cerco de Jerusalém por um anjo que eliminou 185 mil soldados assírios durante a noite.

Expulsos os assírios, Ezequias viveu outro milagre: enquanto dormia, o profeta Isaías disse-lhe que ia morrer. Inconformado, Ezequias orou e orou. Então Isaías volta com a mensagem de que Deus deu-lhe mais 15 anos de vida. Para provar, Deus deu-lhe um sinal, atrasando dez graus à sombra do relógio solar construído por Acaz. Mas Ezequias cometeu um erro ao mostrar seus tesouros aos mensageiros da Babilônia e foi advertido por Isaías que anteviu o futuro cativeiro dos judeus — o que de fato ocorreu com a invasão de Nabucodonosor no governo de Zedequias (20º e último rei de Judá) levado para o exílio ou deportado em 597 AC.

O Que Podemos Aprender Com Os Essênios

649 até 609 a.C.

O rei Josias de Judá institui grandes reformas.

Josias foi o 16° rei de Judá e reinou de 640-609 a.C. Seu pai, Amon fora assassinado por conspiradores, mas o povo eliminou os assassinos e restaurou a linhagem de David pondo Josias no trono com apenas oito anos. Entre o 12° e o 18° ano de reinado, Josias lutou contra a idolatria destruindo postes sagrados, altares e imagens em seu território. No 18° ano de reinado, Josias fez o festejo da Páscoa Judaica em 14 de nisã que superou todas as páscoas já celebradas desde o tempo do profeta Samuel. Além disso, mandou o sacerdote Hilkiah usar o dinheiro de impostos para reformar o templo. Enquanto Hilkiah limpava o quarto de tesouro do Templo, achou um rolo de papel descrito como "O Livro da Lei" ou "O Livro da Lei de Jeová pela mão de Moisés". Seu filho Matanias (Zedequias) tornou-se rei após seu sobrinho ser destronado por Nabucodonosor.

586 a.C.

Nabucodonosor II, rei dos babilônios, captura Jerusalém e destrói o Primeiro Templo (de Salomão). Os judeus são deportados em massa para a Babilônia.

O invasor babilônico leva muitos cativos. Apenas os pobres ficam em Judá, que passa a se chamar provincial babilônica de Yehud, com capital em Mispá. Dois anos depois, o governador de Yehud, Gedalias (nomeado por Nabucodonosor II), é morto por rivais e o povo foge para o Egito com medo de represálias, deixando a terra de Judá em ruínas. Assim, o povo de Judá fica espalhado em três locais: a elite na Babilônia, uma grande comunidade no Egito, e um pequeno remanescente em Judá.

Cápitulo IV - Cronologia

539 a.C.

Judeus retornam a Jerusalém com a permissão de Ciro, o Grande.

O Cativeiro da Babilônia acaba quando Ciro II conquista a Babilônia (539 a.C.). Os persas reconstituem Judá/Yehud como província (Yehud medinata). Os judeus voltam em duas levas: um grupo em 539 para Jerusalém onde começa reconstruir o Templo (516 a.C.), embora a capital permanecesse em Mispá. Outro grupo, conduzido por Esdras e Neemias, chega a Judá em 456 a.C. Sem interferência da monarquia, os sacerdotes se tornaram a autoridade dominante. Além da construção do Segundo Templo, ocorre também a redação final da Torá e o fomento ao estudo da Torá que, a partir de Esdras, passa a ser lida publicamente.

520 a.C.

Profecia de Zacarias.

Zacarias é um dos profetas pós–exílicos do Antigo Testamento e autor do Livro de Zacarias. É contemporâneo a Ageu com quem teve a missão de despertar os judeus que voltavam à terra natal. Ele é o mais messiânico de todos os profetas do Antigo Testamento devido a suas referências comprovadas sobre a vinda do messias. Ele descreveu a si mesmo como "o Filho de Baraquias". Em Esdras 5, 1 e 6, 14 ele é chamado "o filho de Iddo", que foi na realidade seu avô. Sua carreira profética começou uns cinco anos antes da volta do primeiro grupo de judeus do cativeiro (536 a.C.). Eram cerca de 50 mil pobretões liderados por Zorobabel e Josué. Após a chegada, a apatia toma conta deles devido a uma ação dos vizinhos samaritanos que conseguiram uma ordem dos persas para barrar a construção do templo por doze anos. Zacarias viveu num tempo em que os judeus tentavam reconstruir suas bases de fé e vida social enfraquecidas devido ao exílio.

516 a.C.

Segundo Templo de Jerusalém é consagrado.

Vendo seu povo abatido, e diante do futuro incerto que se apresentava caso não se fizesse alguma coisa, Zacarias mostra em seus oráculos e visões que Deus continua realizando seu projeto através da comunidade, reanimando a esperança do povo e estimulando os compatriotas ajudarem na reconstrução do Templo: o símbolo da fé e unidade nacional. Demora, mas o Templo de Jerusalém fica pronto após 20 anos de trabalho duro e devotado.

475 a.C.

A rainha Ester descobre um complô de Hamã contra os judeus e o rei do Império Persa.

Alguns judeus no exílio alcançaram lugar de destaque como a jovem Ester (Hadassa) que se tornara esposa favorita (e rainha em 486 a.C.) do rei Xerxes I, da Pérsia. Ela era prima e filha adotiva de Mordecai e, mesmo arriscando a própria vida, descobriu uma conspiração do grão-vizir Hamã, o Agagita, para matar todos os judeus. Em seguida, Hamã foi enforcado e Mordecai tomou seu lugar. Esse fato gerou a chamada Festa dos Purim, comemorada até hoje em fevereiro. A história é relatada no que os judeus chamam de Meghil-láth És-tér ou apenas Meghil-láh que significa "rolo escrito de Ester". Esse livro está de acordo com o resto das Escrituras e complementa os relatos de Esdras e de Neemias, pois conta o que ocorreu com seu povo exilado na Pérsia. Há uma cópia do "Rolo de Ester" no museu judaico em Göttingen, Alemanha.

Cápitulo IV - Cronologia

464 a.C.

Morto Xerxes em 464 a.C., Artaxerxes o sucede como rei persa e dá uma missão a Esdras.

Nessa época, Esdras era sacerdote da colônia de judeus que ainda vivia na Babilônia e Neemias era copeiro do rei — um cargo de confiança, pois servia vinho a Artaxerxes que se via livre de ser envenenado. Sempre perto do rei, Neemias via e ouvia a todos que iam e vinham, assim ficou sabendo da desordem que andava por Jerusalém. Em 457 a.C. o rei envia Esdras a Jerusalém para observar as condições civis e religiosas entre o povo e ver se eles se guiavam pela Lei de Deus. Junto com ele, seguem cerca de dois mil judeus (segundo grupo) de volta a Judá.

Esdras (do hebraico: "Aquele que ajuda") era escriba (copista da Lei de Moisés) e tinha também autoridade para nomear magistrados e juízes para julgar o povo além do rio Eufrates.

Ao chegar a Jerusalém, Esdras repousou por três dias, depois pesou o ouro e a prata, os objetos para a casa de Javé. Ele percebeu que o povo estava em pecado, pois se misturava a gente de outras terras, e se unia às suas mulheres (inclusive os sacerdotes), desobedecendo a Deus. Esdras agiu. O povo ouviu suas palavras de alerta, se arrependeu e se desligou das mulheres estrangeiras.

Há certa polêmica se Neemias voltou antes ou depois de Esdras para Jerusalém, cuja missão era restaurar um muro, o que foi feito em 42 dias. O historiador Josefo alega que demorou dois anos. Mas o que vale é que houve um reavivamento religioso. Crê-se ser dele o Livro de Esdras, o Livro de Crônicas, que compilou o Antigo Testamento e que complementou o livro de Deuteronômio, escrevendo sobre a morte de Moisés. A Bíblia dos Setenta tem um livro chamado Esdras I, que não está na Bíblia católica, que costuma se referir a ele como Esdras III (apócrifo). Os livros de Esdras e de Neemias são reunidos na Bíblia dos Setenta em um único livro chamado de Esdras II. A Igreja Ortodoxa Etíope inclui, além do Esdras I, também um Esdras IV (Apocalipse de Esdras) em sua Bíblia.

O Que Podemos Aprender Com Os Essênios

Período Pós-Bíblico

332 a.C.

Alexandre, o Grande, conquista a Fenícia e Gaza, talvez passando pela Judeia, sem entrar no país, em seu caminho para o Egito.

Após o assassínio de seu pai, Filipe II, Alexandre assume o trono em 336 a.C. e reinicia a campanha contra os persas. Em 335, convoca a Liga de Corinto e é eleito comandante na guerra contra a Pérsia. Exceto Esparta, todas as grandes cidades-estados gregas ficaram ao seu lado nessa empreitada. Após o tratado assinado em 386 a.C. com os gregos, firmou-se que as cidades gregas na Ásia Menor continuariam com domínio persa. Porém os oradores gregos ainda clamavam pela "libertação dos gregos da Ásia Menor". Por sua vez, a Macedônia não assinara o tratado de 386 a.C. e sua intenção de libertar os gregos da Ásia Menor atraiu interesse da Liga de Corinto, mesmo com os temores das várias cidades-estados em relação ao domínio macedônio. Depois de abafar a revolta em Tebas, Alexandre focou na campanha contra a Pérsia e acabou dominando o mundo. Morreu em 323 a.C. Seus generais dividiram o território, o que originou o período helenístico (334-63 a.C.).

200 até 100 a.C.

Canonização do Tanakh. As obras religiosas judaicas escritas depois de Esdras não foram canoniz das, embora muitas sejam populares entre grupos de judeus.

-> Tanakh ou Tanach é um acrônimo (palavra formada com as primeiras letras de outras palavras) usado para nomear seu grupo principal de livros sagrados, algo como uma Bíblia judaica. O Tanakh é às vezes chamado de

Cápitulo IV – Cronologia

Mikrá. Durante o Segundo Templo e na literatura rabínica, o Tanakh não era usado e sim Mikra (Leitura), termo que prevalece até hoje, junto com Tanakh, em referência às escrituras hebraicas.

O Tanakh tem 24 livros: a Torá (Os cinco livros) conhecida como Pentateuco; Neviim (oito livros - Profetas); Ketuvim (onze livros - os Escritos). São os mesmos do Antigo Testamento, mas em ordem e numeração diferentes: os cristãos contam 39 livros, pois alguns deles os judeus contam como um só. O Antigo Testamento católico e ortodoxo tem seis livros que não estão no Tanakh e são chamados "Deuterocanônicos" (tradução grega da Bíblia = Septuaginta), porque sua canonicidade foi contestada por alguns padres da Igreja, mas depois aprovados no Concílio de Trento — livros aceitos como parte das Sagradas Escrituras. É uma repetição da lista aprovada pelo Concílio de Hipona, em 367: Gênese, Êxodo, Levítico, Números, Deuteronômio, Josué, Juízes, Rute, quatro livros dos Reinos, dois livros dos Paralipômenos, Jó, Saltério de David; cinco livros de Salomão; doze livros dos Profetas, Isaías, Jeremias, Daniel, Ezequiel, Tobias, Judite, Esther, dois livros de Esdras, e dois livros dos Macabeus. E do Novo Testamento: quatro livros dos Evangelhos, um livro de Atos dos Apóstolos, treze epístolas de Paulo, uma dos Hebreus, duas de Pedro, três de João, uma de Tiago, uma de Judas e o Apocalipse de João.

Porém, tais livros sempre estiveram na literatura hebraica, eram estudados nas sinagogas, e têm valor histórico como I Macabeus e II Macabeus que narram a resistência ao helenismo na Palestina. Na Bíblia Católica Romana e Ortodoxa, Daniel e o Livro de Esther podem ter material deuterocanônico que não está na Tanakh ou no Antigo Testamento protestante.

164 a.C.

Durante a dinastia hasmoneia (164-63 a.C.) surgem os essênios como facção político-religiosa atuando com os fariseus e os saduceus.

Os essênios eram um ramo dos fariseus que se ajustaram às regras mais rígidas de pureza levítica, aspirando ao mais alto grau de santidade. Seis mil fariseus, que se diziam "mui favorecidos por Deus" e que possuíam por "inspiração divina a presciência das coisas por vir" e que se negavam a prestar juramento de fidelidade a Herodes, formaram uma comunidade no deserto, bem longe da grande cidade. Eles viviam apenas do trabalho de suas mãos e adotavam uma postura comunal, dedicando seu tempo ao estudo e à prática da benevolência, abstendo-se de prazeres conjugais e sensuais para serem iniciados nos mais altos mistérios celestes e preparar o caminho para o messias por vir. Há vários relatos sobre essa classe misteriosa de judeus. Plínio cita a comunidade dos essênios no Mar Morto como a maravilha do mundo e os tacha como um grupo avesso a mulheres, a posses e orgulhos materiais. Filon os chamava de "santos" e que 10 mil deles foram iniciados por Moisés nos mistérios. A seita era composta por homens velhos sem esposas nem filhos que praticavam as virtudes do amor, da santidade e viviam em aldeias da Judeia. Era uma comunidade de lavradores que seguia regras de simplicidade e abstinência. Fala também de essênios agricultores e artesãos que eram contrários ao sacrifício de animais, à escravidão, e muito respeitosos quanto ao sábado — dia dedicado à leitura e interpretação alegórica da lei.

157 até 129 a.C.

A Dinastia Hasmoneia estabelece seu domínio real na Judeia durante a guerra com o Império Selêucida.

Os hasmoneus (em hebraico: Hashmonayim) ou asmoneus formaram um Estado judaico religioso independente chamado Reino Asmoneu de Israel (140-37 a.C.). A dinastia foi fundada por Simão Macabeu duas décadas após seu irmão Judas derrotar os selêucidas na Revolta dos Macabeus (165 a.C.). O Reino Hasmoneu durou 103 anos até se render à Dinastia Herodiana, em 37 a.C. Ainda assim, Herodes, o Grande, teve de se casar com uma princesa hasmoneia, Mariana (Mariamne), filha do alto sacerdote do Templo, para legitimar seu reinado, pois, temendo uma revolta popular, construiu a fortaleza de Massada para ter um refúgio. Segundo o historiador judeu-romano Flávio Josefo (37-100 a.C.) o Reino Hasmoneu começou com uma revolta de judeus

Cápitulo IV - Cronologia

contra o rei selêucida Antíoco IV que, após invadir o Egito ptolemaico, viu-se atado pela intervenção de Roma. Para assegurar o domínio sobre Israel, saqueou Jerusalém e o Templo, reprimiu as práticas religiosas e culturais judaicas, impondo as helenísticas. Isso gerou a Revolta dos Macabeus (167 a.C.) e um período de 25 anos de independência judaica, ampliada pela queda do Império Selêucida diante dos ataques da República Romana e do Império Parta.

63 a.C.

Roma intervém na guerra civil na Judeia, que vira província romana.

Hircano II e Aristóbulo II (bisnetos de Simão Macabeu) tornaram-se peões numa guerra entre Júlio César e Pompeu, que termina com o reino nas mãos do governador romano da Síria em 64 a.C. As mortes de Pompeu (48 a.C.), César (44 a.C.) e as guerras civis romanas seguintes, afrouxam o domínio romano sobre Israel, permitindo um breve ressurgimento hasmoneu com apoio do Império Parta, mas logo é esmagado pelo romano Marco Antônio e Otaviano que se tornou imperador Augusto de 27 a.C. a 14 d.C.

40 a.C.

Herodes, amigo dos essênios, manda matar as crianças.

Boa parte da vida de Herodes é narrada por Flávio Josefo que deve ter usado como fonte o historiador grego Nicolau de Damasco. Herodes acabou com a dinastia hasmoneia, apoiada pelos saduceus, por isso era malvisto. Mas contava com moderado apoio dos fariseus, conduzidos por Hilel. Quanto aos essênios, tinha uma relação morna, já que essa facção detestava Roma e não aprovava Israel como um Estado-cliente romano. Porém, Herodes era muito amigo do essênio Menahem, e isso amenizava a tensão. Mas o que marca a vida de Herodes é o relato bíblico sobre ter ordenado matar os meninos menores de dois anos em Belém (Mt 2, 1-23; Je 31, 15; Os 11, 1). Segundo o Evangelho, ele o fez calculando o aparecimento da estrela aos magos, acreditando que Jesus teria cerca de 2 anos. Para a maioria dos historiadores, Herodes teria morrido entre 13 de março (dia do eclipse lunar) e 11 de abril (dia de Páscoa judaica) do ano 4 a.C. Mas a identificação do eclipse tem sido questionada. Outros creem que foi em 2 d.C. e que deixou o reino partilhado entre seus três filhos: Herodes Arquelau, Herodes Antipas e Filipe.

4 a.C. até 36 d.C.

Nasce Jesus, o Cristo, o messias tão profetizado e esperado, marcando o início de uma nova religião.

-> Embora a data de seu nascimento seja discutida: 4 ou 8 a.C., Jesus de Nazaré é a figura central do cristianismo e é visto como a encarnação de Deus, o "Filho de Deus" enviado ao mundo para salvar a humanidade. Para os islâmicos, Jesus é conhecido como Isa, Ibn Maryam (Jesus, filho de Maria). Os muçulmanos o tratam como um profeta e aguardam seu retorno antes do Juízo Final. Alguns segmentos do judaísmo o consideram-no profeta e outros, um apóstata, pois ser parte de uma trindade, ou mediador de Deus, é heresia. Além disso, creem que Jesus não é o messias por não realizar as profecias messiânicas da Tanakh nem encarnar as qualificações pessoais do messias, portanto não cumpriu as exigências fixadas pela Torá que provasse ser profeta. E mesmo que Jesus o tivesse provado, nenhum profeta poderia contradizer as leis da Torá, o que os rabinos afirmam que Jesus fez.

A Mishneh Torá, escrita por Maimônides, diz que "Jesus é um obstáculo" que faz "a maioria do mundo errar para servir a uma divindade além de Deus". Para os conservadores, judeus que creem em Jesus messias, "cruzam a linha" para fora da comunidade judaica. Para os reformistas (movimento progressista moderno): "...alguém que afirma que Jesus é seu salvador já não é um judeu e sim um apóstata". Seja como for, Jesus pregou apenas em regiões perto de onde nasceu (Judeia), mas sua influência espalhou-se ao longo dos séculos e das terras e deu um novo rumo à civilização ocidental.

SÉCULO 1º DA ERA ATUAL (D.C.)

30

Cisma no judaísmo no período do Segundo Templo. Uma seita dentro da sociedade judaica helenizada inicia o cristianismo-judaico.

-> O cristianismo-judaico é um termo genérico usado para definir o grupo de crenças comuns entre judaísmo e cristianismo, assim como a herança das tradições judaicas herdadas pelos cristãos. O termo foi usado pela primeira vez no Oxford English Dictionary (edições de 1899 e 1910) para discutir a origem do cristianismo, portanto significa as crenças cristãs primitivas em continuação do judaísmo. Ficou popular a partir de 1920-1930, promovido por grupos liberais que evoluíram para a Conferência Nacional de cristãos e judeus, aliados na luta contra o antissemitismo. Em 1952, o presidente norte-americano Dwight Eisenhower disse que o "conceito judaico-cristão" é a fé sobre a qual "o nosso [...] governo [...] é fundado".

Acredita-se que o cristianismo é herdeiro do judaísmo, e toda sua lógica como religião é construída sobre o judaísmo. A maior parte da Bíblia cristã é o Tanakh judaico (em ordem diferente) e é usada para ensino moral e espiritual no mundo cristão. Os profetas, patriarcas e heróis dos textos judaicos são também do cristianismo como Abraão, Elias e Moisés. Logo, os ensinamentos judaicos e cristãos são baseados num texto em comum.

O Que Podemos Aprender Com Os Essênios

68 até 73

Fim da comunidade dos essênios.

-> O exército romano, atrás dos zelotes rebeldes, acabou por destruir a comunidade de Qumran. O resto dos essênios em fuga para Massada foi liquidado pelas tropas de Flavius Silva. Embora os essênios tenham desaparecido, seus preceitos sobreviveram e podem estar embutidos no cristianismo.

Em 5 de abril de 2007, o papa Bento XVI relacionou Jesus aos essênios ao afirmar que o calendário seguido por Jesus na Páscoa poderia ser o mesmo dessa antiga seita judaica. Durante sua homília na Missa da Santa Ceia, efetuada na basílica romana de São João de Latrão, o papa afirmou ser muito provável que Jesus tenha celebrado a Páscoa com seus discípulos seguindo o calendário de Qumran — pelo menos um dia antes da data fixada na época. Disse também que tal hipótese não é bem-aceita, mas pode explicar certas contradições entre os vários Evangelhos que relatam a vida de Jesus.

100 até 391

O cristianismo começa a desenvolver seus próprios textos, ideologia fora do judaísmo e se torna uma seita diferente.

-> Após a crucificação de Jesus, o Cristo, em Jerusalém, suas ideias se espalharam em várias direções levadas pelos adeptos da nova seita. Mas os cristãos foram perseguidos e mortos por romanos e pagãos, que os consideravam hereges pelos dois séculos seguintes. A situação amenizou quando o imperador Constantino legalizou o cristianismo (e todas as outras religiões) com o Édito de Milão, em 313. Porém, o cristianismo só foi proclamado como religião oficial do Império Romano por Teodósio I, em 391, e passou a oprimir seus antigos perseguidores. Hoje o cristianismo é a mais disseminada religião monoteísta.

Israel Bíblica

- Sidon
- Tiro
- Damasco
- Rio Jordão
- Dã
- MAR MEDITERRÂNEO
- Séforis
- Nazaré
- MAR DA GALILEIA
- Rio Yarmuc
- Babilônia
- Cesareia
- Samaria
- Rio Jaboque
- Siquém
- Penuel
- Mispá
- Betel
- Rio Jordão
- Jericó
- Amon
- Jerusalém
- Qumran
- Belém
- Engedi
- MAR MORTO
- Gaza
- Hebrom
- Rio Arnom
- Massada
- Moab

IMPÉRIO SELÊUCIDA 198 a.C.

Mar Negro, Mar Mediterrâneo, Mar Cáspio, Antióquia, Damasco, Jerusalém, Babilônia, Golfo de Suez, Golfo Pérsico

ONDE FICA KHIRBET QUMRAN?

- Jericó
- Rio Jordão
- Jerusalém
- Cavernas de Qumran
- Belém
- JUDÁ
- Hebrom
- Cavernas de Murabba'at Bar Kochba
- En-Gedi (Engedi)
- Cavernas de Nahal Hever Bar Kochba
- Massada
- MAR MORTO

Vista parcial da comunidade de Qumran e suas principais dependências.

QUMRAN — VISTA DO SUDOESTE

Legendas:
- Cisternas
- Planalto do sul
- Sala de reunião e refeitório
- Banhos
- Sala dos copistas
- Aqueuduto
- Cisternas do período do Primeiro Templo
- Aqueoduto vindo do desfiladeiro
- Forno da olaria
- Banheiros com escadaria quebrada
- Torre

Abraão, o primeiro patriarca bíblico, fundador do monoteísmo dos hebreus. Quadro do pintor húngaro Molnár Ábrahám kiköltözése, de 1850: A viagem de Abraão de Ur a Canaã.

David, o maior rei de Israel, tinha o dom da música e da poesia. Escreveu a maior obra bíblica: o Livro de Salmos.

Zadoque, sumo sacerdote de Israel, sucedeu a Abiatar, filho de Aimeleque, e foi sucedido por Aimaaz.

Nabucodonosor II (em babilônio Nabu kudur-uzur = Nabu, proteja as fronteiras!) era filho de Nabopolassar, rei babilônio que libertou o reino da Assíria e destruiu Nínive.

Salomão, filho de David, mandou construir o Templo de Jerusalém - o Primeiro Templo.

O persa Ciro II conquista a Babilônia em 539 a.C. e reconstitui Judá como província de Yehud medinata.

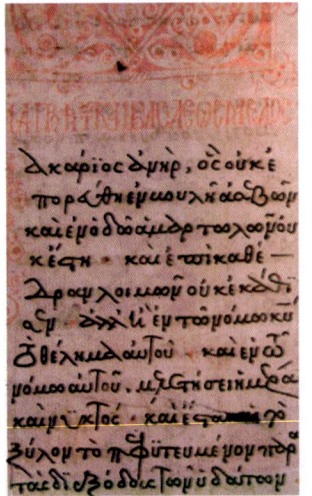

Fragmento antiquíssimo da Septuaginta escrita em grego koiné. À direita, modelo do Segundo Templo, em Jerusalém, que levou vinte anos para ser construído.

Da esquerda para direita: Alexandre III da Macedônia era filho do rei Filipe II e de Olímpia do Épiro. Seu mentor foi o filósofo Aristóteles. Antíoco III reinou até 187 a.C., quando morreu na batalha de Susa. Outra fonte diz que foi assassinado num templo de Baal, onde tentava obter dinheiro para pagar aos romanos. Antíoco IV Epifânio governou a Síria entre 175-164 a.C. Na sexta Guerra da Síria contra o Egito venceu Ptolomeu VI e Ptolomeu VIII, depois voltou sua atenção à helenização da Judeia.

Furioso, Antícoco IV Epifânio manda saquear o Templo de Jerusalém em 170 a.C.

O Muro das Lamentações, ou Muro Ocidental, é o que resta do Templo de Herodes, construído no lugar do Templo de Jerusalém (Segundo Templo).

"Não façaas aos outros aquilo que não gostarias que fizessem a ti". Hilel

Abraão, o primeiro patriarca bíblico, fundador do monoteísmo dos hebreus. Quadro do pintor húngaro Molnár Ábrahám kiköltözése de 1850: A viagem de Abraão de Ur a Canaã.

Combatentes romanos a cavalo em Israel.

Da esquerda para direita, historiador Fílon de Alexandria e historiador Flávio Josefo.

Sacerdotes se preparam
para o ritual de sacrifício.

A Torá é um conjunto da tradição judaica
que inclui a Torá escrita, a Torá oral
(Talmude) e os ensinamentos rabínicos.

acerdotes se
preparam para o
ritual de sacrifício.

Cerco e destruição de Jerusalém pelos romanos - quadro de David Roberts (1850).

Fariseus e saduceus confabulam sobre as irregularidades ocorridas no templo.

Fragmento de pergaminho antigo com trecho da lei escrita.

Os saduceus quebraram o pacto com Deus quando governavam os judeus e se tornaram alvos da fúria divina.

Jesus mostra aos fariseus sua compaixão para com pessoas necessitadas.

Jesus dialoga com os fariseus sobre suas variadas interpretações da Torá.

Jesus confabula com os fariseus. Ilustração do artista francês Gustave Doré

Fortaleza Antônia, construída por Herodes, o Grande, em Jerusalém, ligava a muralha da cidade ao Templo por uma galeria.

Moisés foi profeta e escritor da Pentateuco Torá. Por 40 anos conduziu o povo judeu pelo deserto.

Ruínas de Qumran - Foto tirada por Mark A. Wilson (Departamento de Geologia, The College of Wooster).

Uma das cavernas em Qumarn onde foram achados vasos como os famosos pergaminhos.

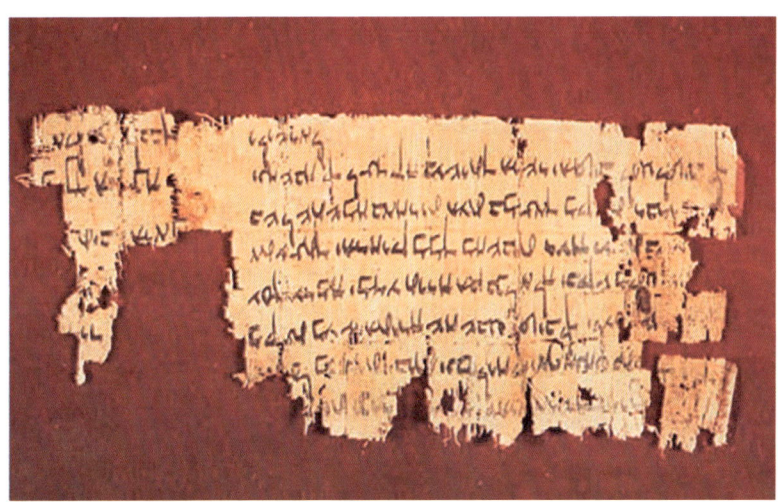

Réplicas do pergaminho e de vários utensílios básicos da comunidade de Qumran.

Fragmento com o manuscrito de Isaías.

Um fragmento de pergaminho do Mar Morto. Reminiscência de uma biblioteca essênia.

João Batista, primo de Jesus, prega nos arredores de Jerusalém.

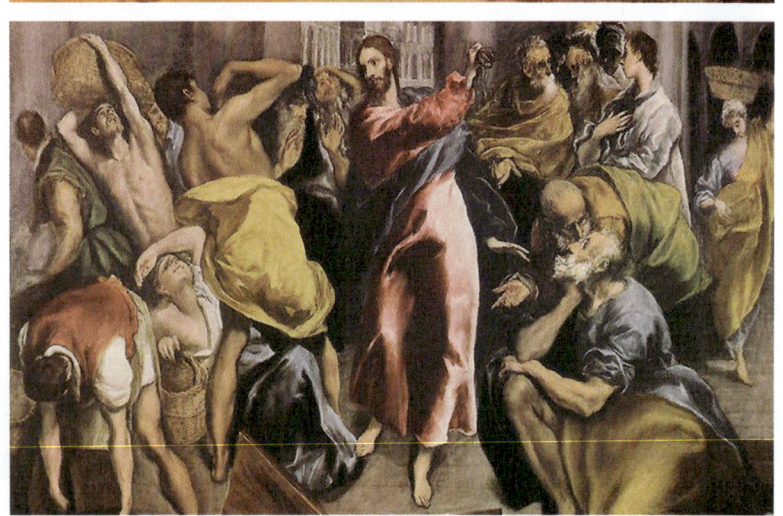

Em "Eu sou o caminho e a vida", Jesus dá um roteiro de como chegar ao Pai.

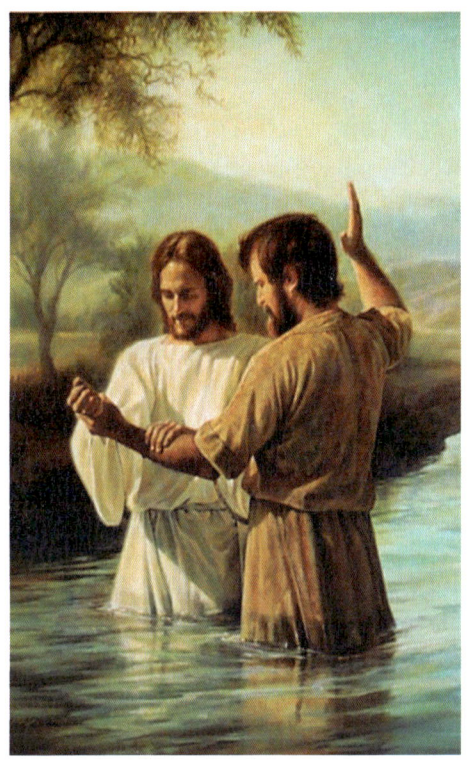

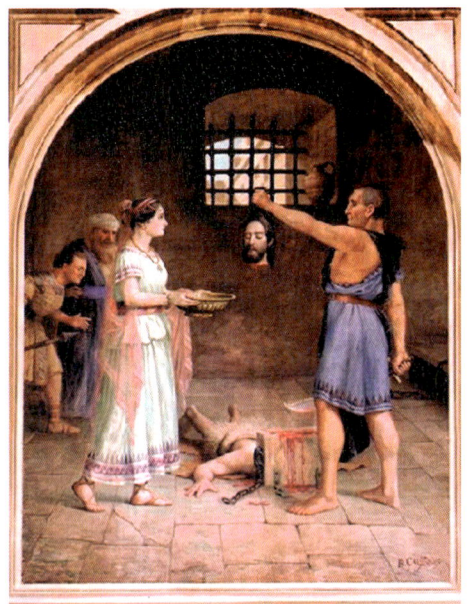

Encontro do milênio: João batiza Jesus no Jordão.

Herodes manda decapitar João Batista. Quadro de Benedito Calixto.

O sábio essênio Banus diz: "Faça ao outro o bem que você desejaria receber deles". Simples assim.

O disciplinado exército romano domina mais uma revolta na Judeia.

Jesus teria pinçado o melhor de cada seita e agregado a uma única para mostrar aos homens o caminho real.

Em "Eu sou o caminho e a vida", Jesus dá um roteiro de como chegar ao Pai.

Jesus orava pelo fim dos males do mundo e não poupava curas milagrosas.

O profeta Elias subiu às alturas num redemoinho, montado num carro puxado a cavalos de fogo.